中学校

数学の
授業が
もっとうまく
なる
50の技

玉置　崇
Tamaoki　Takashi

明治図書

JN218741

はじめに

　大学人となって5年目を迎えています。よりよい授業づくりを研究項目の1つとしており，機会をいただければ全国各地に赴いて，多くの授業を見ています。

　授業で変容させたいのは生徒ですから，授業を見るときは，できるだけ教室の前方から生徒の様子を中心に見るようにしています。

　つくづく生徒は正直だと思います。教師の授業力の差によって，生徒の数学授業に臨む様子が大きく異なっているのです。

　やる気を引き起こす課題提示がされると，生徒の目つきが変わります。

　教師がわかりやすい説明をすると，生徒のうなずき具合が違います。

　生徒の思考力を刺激し高める発問がされると，教師が指示する前から，個人思考を始めています。

　教師が机間指導で生徒の活動のよさを瞬時に捉え，声をかけている数学の授業では，多くの生徒の笑顔が見られます。

　教師が生徒の考えのつなぎ役に徹している教室では，生徒の言葉によって数学授業がつくられています。

　ある生徒の発言を基に，他の生徒の発言を促し，それぞれを価値づけながら，さらに高いところへ到達できるように，話し合いを進めている教師は，生徒を生き生きさせています。

　教師は優れた問題解決者であるべきだと言われます。そのような教師の数学授業では，生徒の発言の根底にある「数学的な見方・考え方」に光を当てて，問題解決のための力をつけようとしていることが見てとれます。

　「なるほど！　教科書をこのように活用すると，生徒はこんなに教科書に愛着をもつのだ」と感じさせる授業をする教師がいます。

　「こうしたツッコミができるのは，しっかりとした教材研究があってのこ

とだ」と感心させられる授業があります。

　「この教室の生徒は，いつごろからこんなにも素直に『わからない』と言えるようになっているのだろう」と，これまでの数学授業づくりについて考えを聞きたいと思わせる教師がいます。

　「この授業では，『主体的・対話的で深い学び』をすでに実現させている！」と感服する授業もあります。

　このような数学授業の事実を知ると，ぜひともその教師の授業を見たいと思われることでしょう。

　この『数学の授業がもっとうまくなる50の技』は，そうした要望に応える書籍です。

　第1章「やる気を引き起こす課題提示がもっとうまくなる4の技」から，第11章「『主体的・対話的で深い学び』づくりがもっとうまくなる5の技」までで示した50の技を駆使することで，「あなたの授業をぜひ見せてほしい」と言われる数学教師になることができます。

　「技は盗め」と言われますが，技の紹介にあたっては，具体的な授業場面を記して，技を習得しやすいようにしています。

　本書をいつも手元に置き，意識して技を使ってみてください。

　生徒は正直です。

　あなたのさらなる授業力向上で，生徒はますますあなたの数学授業を楽しみにすることでしょう。

2019年4月

玉置　崇

も く じ

第**3**章
もっと 思考力を高める発問が うまくなる**5**の技

第**4**章
もっと 生徒の見取りが うまくなる**5**の技

第8章

もっと教科書の活用がうまくなる4の技

第9章

もっと教材研究がうまくなる5の技

第**1**章

やる気を引き起こす課題提示が_{もっと}うまくなる4の技

1 問題の一部を□にする

ポイント

1 問題の一部を□とすることで，それまでの学習と結びつける
2 問題の一部を□とすることで，思考力を高める

1 問題の一部を□とすることで，それまでの学習と結びつける

1年「正の数・負の数」の問題を例に説明します。

例えば，正の整数，負の整数，自然数の定義を説明した後，次のような問題を出すことがあります。「数の定義の理解をさせること」がねらいです。

> 次の数の中で，自然数はどれですか。また，整数はどれですか。
>
> $$0.4 \quad -5 \quad -7 \quad 4 \quad \frac{1}{8} \quad 0 \quad +12 \quad -\frac{1}{3}$$

この問題に取り組ませた後，類題をさせる場面で，例えば，次のように，問題の一部を□にします。

> 次の数の中で，□はどれですか。
>
> $$0.4 \quad -5 \quad -7 \quad 4 \quad \frac{1}{8} \quad 0 \quad +12 \quad -\frac{1}{3}$$

まず□を考えさせるのです。生徒は，□に当てはまる言葉を「自然数」

「整数」と発言するのはもちろん，「正の数」「負の数」「小数」「一番小さい数」など，それまでに学習した事柄を想起して発言します。

2　問題の一部を□とすることで，思考力を高める

　問題の一部を□とすることで，問題の条件や解答の可能性まで考えさせることができます。例えば，次のような問題があります。

> 　現在，父は42歳，兄は12歳です。父の年齢が，兄の年齢の3倍となるのは何年度でしょうか。

この問題の一部を次のように□にします。

> 　現在，父は42歳，兄は12歳です。父の年齢が，兄の年齢の□倍となるのは何年度でしょうか。

　3倍とせず，□倍として，「まずこの□にはどんな数値が入るでしょう」と問いかけることで，生徒に問題を解く以前に考えさせることができます。与えられた問題から生徒が考えたくなる問題にも変化します。
　生徒に問いかけると，単純に「2倍」「3倍」「4倍」…と発言します。そこで，**「2倍になるときはあるの？」とか，「最大何倍まであるの？」と問いかけることで，生徒は問題に対してより深く考え始めます。**
　ある生徒が「1倍以外はあるはず」と言ったところ，「10倍なんてないと思う」という発言が出て，適切な□に当てはまる数について追究したことがあります。その結果，例えば，6年前なら父が36歳，兄は6歳なので，6倍となる場合が明らかになるなど，おもしろい展開になりました。

2 取りかかる問題順を 自分で決めさせる

1 問題全体を眺めて，どの問題が一番間違えそうか考えさせる
2 取りかかる問題の順番を決めさせる

1 問題全体を眺めて，どの問題が一番間違えそうか考えさせる

2年「多項式の計算」の問題を例に説明します。

例えば，同類項をまとめることを学習した後，次のような問題を出すことがあります。

「同類項をまとめることができる」ことがねらいです。

> 次の計算をしなさい。
> (1)　$8a - 7b - 3a + 5b$
> (2)　$5ab - 2a - ab + 3a$
> (3)　$-5x - x^2 - 3x^2 - 2x$
> (4)　$5ab - 2 - ab + 3a - 4$

いきなり計算を始めさせるのではなく，問題全体を眺めさせて，

「この4問で一番間違えそうな問題はどれでしょう？」

と問いかけてみるのです。

生徒はこの発問で，与えられた問題ではなく自分の問題として考え始めます。多くの生徒は，累乗が入っている(3)を一番間違えると言いますが，(4)も

a の項が１つしかないためこれ以上整理しようがなく，混乱しやすい問題です。

ちょっとした問いかけですが，問題に取りかかる前に盛り上がります。

2　取りかかる問題の順番を決めさせる

取りかかる問題の順番を考えさせることで，生徒の意欲を高めることができます。

例えば，次のような問題があります。

$$(1)\quad 2(3x+y)+3(x+2y)$$
$$(2)\quad 3(5a-b)-2(2a-3b)$$
$$(3)\quad 4(a+2b)+3(2a-4b)$$
$$(4)\quad -2(3x-y)-3(x-2y)$$

問題を提示したとき，多くの生徒は(1)から順に取り組むものだと思っています。

そこで，「どの問題から取り組んでもよい」と指示します。

すると，生徒は，問題全体を眺め始めます。

「(1)は演算記号が＋ばかりで簡単そうだ」

「(2)は演算記号が－ばかりだから間違えるかもしれない」

「(4)は，最初に－がついているのでややこしいかもしれない」

など，問題の特徴を捉えて，取り組む順を決めようとします。

些細な指示ですが，こうした選択場面を設けることで，生徒の主体性をはぐくむことができます。

3 条件を変えて考えさせる

ポイント

1 条件を変えて考えさせる
2 条件の変え方を考えて問題を作成する

1 条件を変えて考えさせる

3年「相似な図形の計量」の問題を例に説明します。

例えば，相似な図形の面積の比を学習した後，次のような問題を出すことがあります。

「相似比と面積比の関係を活用できる」がねらいです。

> 相似比が5：3の相似な2つの図形A，Bがあります。
> Bの面積が600㎠のとき，Aの面積を求めましょう。

この問題を学級全体で解いた後，この問題の条件をどう変えるか考えさせます。教師が類題を提示するより学習の質は上がります。

例えば，相似比を変える生徒がいるでしょう。

Bの面積を変える生徒もいます。

BとAを入れ替えて，Aの面積を指定してBの面積を求めようとする生徒もいるでしょう。

こうして，**問題の条件そのものを考えることは，「数学的な見方・考え方」を働かせることにつながり，「深い学び」を生み出す1つの手立てである**と

言えます。

　生徒に条件を変えさせることで，解答がいわゆる「整った数値」となるためには，問題をどのような数値にしたらよいかを考える機会も生まれます。

2　条件の変え方を考えて問題を作成する

　生徒が条件変えに慣れてくると，条件変えは問題の数値を変えることだと思い込んでしまいます。

　そこで，時には，**条件の変え方そのものを考えさせましょう。**

　例えば，次のような問題があります。

> 　２つの直方体Ｃ，Ｄがあります。この直方体は相似で，ＣとＤの相似比が２：３のとき，ＣとＤの体積比を求めましょう。

　この問題に取り組ませた後，「この問題の条件を変えてみよう」と投げかけると，多くの生徒は相似比だけを変えます。

　そこで，**「変えられる条件は相似比だけでしょうか？」**と問いかけます。すると，直方体を他の立体（例えば，立方体）に変えて考えようとします。

　さらに，あえて**「他の立体に変えてもいいのでしょうか？」**と問いかけます。気軽に他の立体の場合を考えていた生徒も立ち止まります。そこで，立体の相似比は，どのような場合も同様であることを改めて，押さえることができます。「球の場合も同様でいいかな？」と問いかけると，迷い始める生徒もいます。こうしたゆさぶりは，とても有効です。

　また，体積比を表面積比，側面積比に変えて考えようとする生徒もいます。大いに称賛しましょう。

　相似比を変更した場合と比べ，学習の質は格段に高くなりますし，表面積や側面積の定義も確認することができます。

4 いくつかの図を提示する

1 いくつかの図を提示して選択させる

2年「図形」の問題を例に説明します。

例えば，次のような問題があります。

> AB ＝ DC，BC ＝ AD となる四角形 ABCD があります。
>
> このとき，∠ABC ＝∠ADC となることを説明しましょう。

　生徒に題意を捉えて図をかかせることも考えられますが，まずは教師側から図を提示します。もちろん，生徒の思考を促す図を提示します。

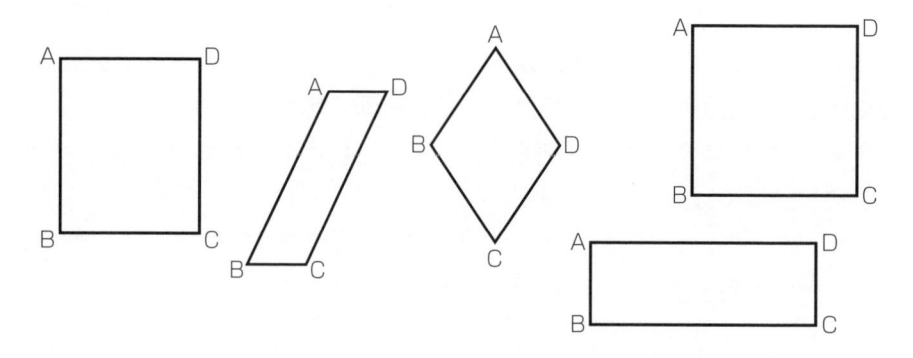

　図の置き方を変えたり，AB＝BC である図も提示したりして，生徒に**「どの図を基に考えたいですか？」**と問います。その際に，問題の条件を改めて見直したり，あまりにも特殊な場合は説明しづらいことを実感させたりするとよいでしょう。

　もう1つ例をあげます。

> 　∠A＝90度の直角二等辺三角形 ABC と点Aを通る直線 ℓ があります。点B，Cから，直線 ℓ に，それぞれ，垂線 BD，CE を引いたとき，BD＋CE＝DE であることを証明しましょう。

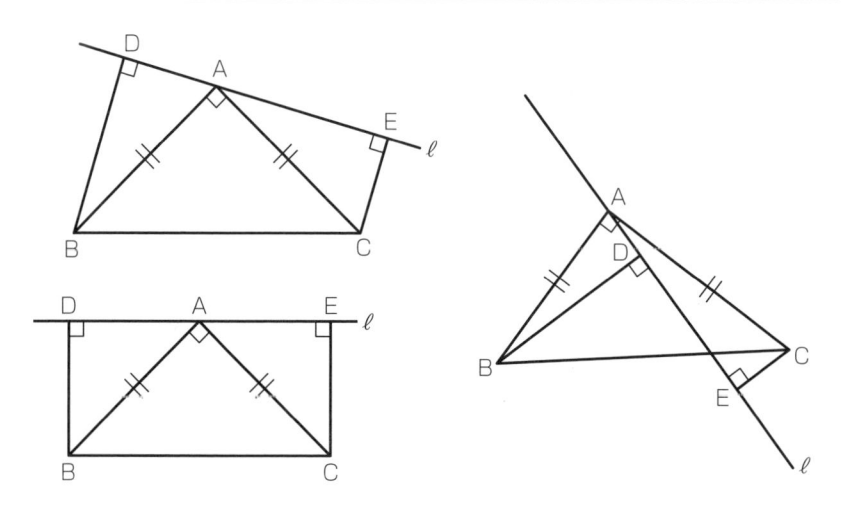

　こうしたいくつかの図を提示して，どの図を使って証明するか選ばせると，典型的な図はどれなのかと考えることにもなります。特に，直線 ℓ が三角形の内部を通っている図を提示すると，こういう場合もあるのかと驚き，間違っているのではないかと考え始めます。

2　いくつかの図から題意に当てはまるものを考えさせる

今回は，**提示された図が題意に当てはまっているかどうか判断させてから考えさせる例**です。

　例えば，円周角の定理を証明するときに次の図を提示して考えさせます。

　　1つの円における中心角と円周角の関係を明らかにするために，次の5つの図を使って証明しようと思います。すべての図の場合で明らかにしなくてはいけないでしょうか。

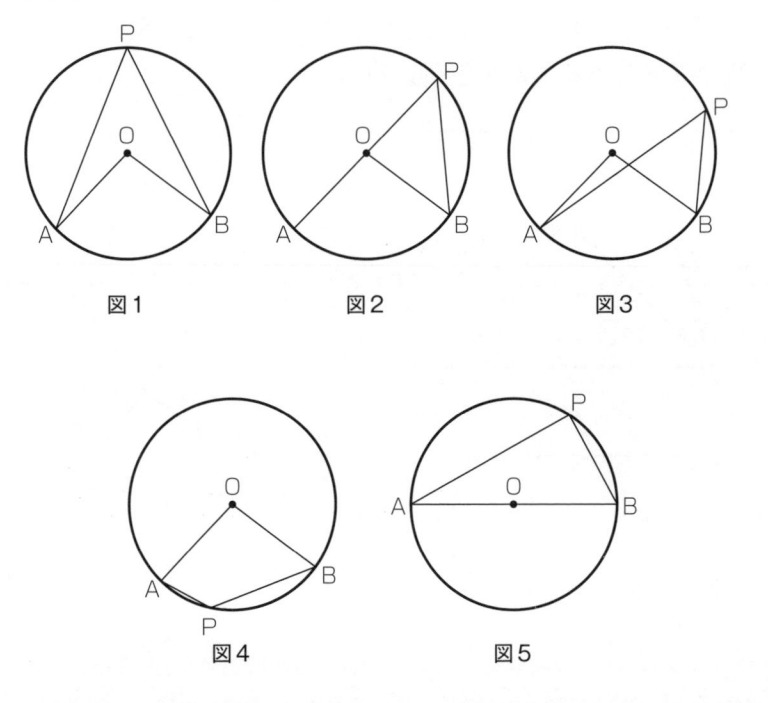

018

　このような5つの図を提示して，すべての場合で証明する必要があるのか問うとよいでしょう。

　例えば，図5は図1の特殊の場合です。したがって，図1で明らかになっているので，図5を使って証明する必要はないという考えが出るはずです。また，図4も図1の特殊の場合であることに気づいてほしいものです。

第2章

わかりやすい説明が
もっと うまくなる**4**の技

5 Aを説明するときは Bを登場させる

ポイント

1 Aを説明するときにBと比較して理解させる
2 Aを説明する際，あえてそうでない場合Bを登場させる

1 Aを説明するときにBと比較して理解させる

1年「直線と図形」の導入場面を例に説明します。

「直線などの定義を理解する」ことがねらいです。

直線の定義として，次のような説明があります。

> まっすぐな線のことを直線といいますが，これからは，直線といえば，まっすぐに限りなくのびている線ということにします。

ここで，あえて曲線を登場させます。

曲線の定義を考えさせてもよいでしょう。百科事典『マイペディア』では，次のように説明されています。

> 現在の数学では曲線は線と同義。狭義には線を直線と曲線に分け，直線でないものを曲線という。

曲線の定義を知らせたところ，生徒から「折れ線もあるのではありませんか」と発言がありました。そこで，

　「線を分類すると，直線と曲線のいずれかで，折れ線は，２本の直線からできていると考えるといいね」
と答えました。

　曲線を登場させたからこそ，生徒は「折れ線」について考えたのだと思います。

2　Aを説明する際, あえてそうでない場合Bを登場させる

　「多角形の定義」の場面で説明します。

　教科書では，おおよそ次のように説明されています。

> いくつかの線分で囲まれた図形を，多角形といいます。

　この定義をしっかり押さえるために，次の図形を登場させるとよいでしょう。日常，目にすることがある図形です。

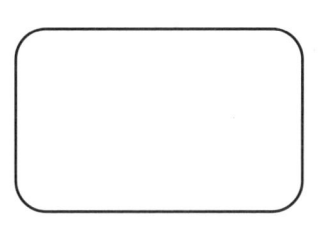

　「これは多角形でしょうか？」と発問します。

　経験上，定義に照らして，すぐに「線分だけで囲まれていないので多角形とはいえない」と発言する生徒はなかなかいません。「長方形と考えてもいいので，多角形…」などと迷う生徒がいるのです。

　あえて上図を登場させることで，「角が曲線でなかったら多角形と言ってもよい」などの発言が生まれ，多角形の定義をしっかりつかませることができます。

6 動作化を入れて 体で納得させる

ポイント
1 「空中グラフ」を多くかかせる
2 「空中作図」で納得させる

1 「空中グラフ」を多くかかせる

1年「比例と反比例」を例に説明します。

丁寧にグラフをかくことに時間をかけすぎていませんか。そのため，結果的に様々なグラフをかく活動が少なくなり，理解力がある生徒のみが活動できる授業になっていないでしょうか。

例えば，比例定数とグラフの傾きの関係は，理解することにやや難がある生徒は，いくつかのグラフをかいてこそストンと納得できます。**帰納的に理解する体験が必要**なのです。

ところが，ある教科書を調べてみると，比例のグラフをかく練習問題は，単元の中でわずか3問しかありませんでした。これではしっかり納得できる生徒は多くないと思います。

そこで，グラフをたくさんかく活動をさせるために，「空中グラフ」をおすすめします。「空中グラフ」といっても難しいものではありません。**黒板に座標軸を大きくかいておき，自席から座標軸を意識して，指で大きく，生徒全員に空中にグラフをかかせる**のです。

教師は全体を見ていれば，だいたいの状況がわかります。

例えば，「$y = x$のグラフをかきなさい」と指示した後，$y = 2x$，$y =$

$3x$，あるいは $y = -x$，と比例定数を変化させて，生徒たちが空中にグラフをかく手の動きを観察するのです。

　時には，意図的指名をしてかかせるとよいでしょう。

2　「空中作図」で納得させる

　基本の作図においても「空中グラフ」の応用ができます。「空中作図」です。

　例えば，線分の垂直二等分線を作図する方法を学んだ後，ノートにかかせないで，空中に何度もかかせて作図法を定着させるとよいでしょう。

　このときに，**手を動かしながら，同時に口頭で説明させることがポイント**です。

> ・線分 AB があります。
> ・コンパスで点A，点Bから円をかきます。
> ・その２つの円の交点を結びます。
> ・この直線が線分 AB の垂直二等分線です。

　このような具合です。方法を理解していると，空中ですからすぐにかけます。線分 AB を斜めに想定してもよいでしょう。

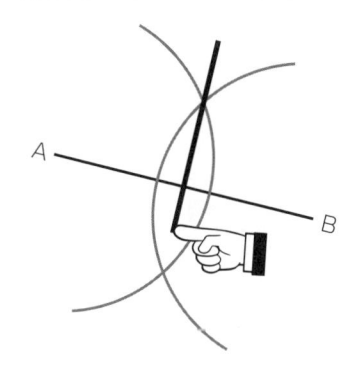

7 説明でコンピュータを活用する

ポイント

1 動点を使って様々な図があることを納得させる
2 動点を使って意識していないことを意識させる

1 動点を使って様々な図があることを納得させる

コンピュータを活用するよさはたくさんありますが，その１つに，図形を動的に表せることがあります。

例えば，２年「多角形の内角と外角」では，多角形の内角の和を求めるために，三角形に分割します。

分割する際には，図のように１つの頂点からの対角線だけでなく，内部の１点から頂点に，また，ある辺上から，さらには外部に点をとって，各頂点と結ぶことができます。

そのときコンピュータで，動点を移動させながら表示すれば，容易に図と図のつながりを意識させることができます。

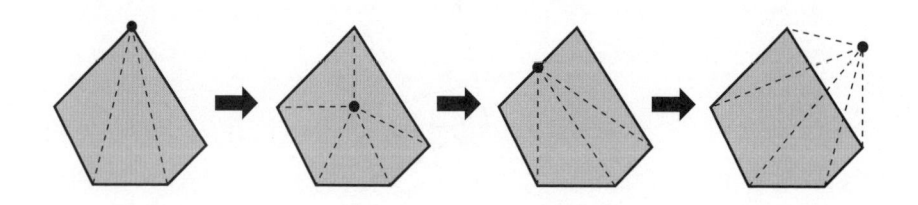

2　動点を使って意識していないことを意識させる

例えば，次の問題があります。

> 線分 AB 上に点 C をおき，線分 AC, BC を 1 辺とする正三角形を同じ側にかきます。

コンピュータを使うと，この図をかくことは容易です。しかも，黒板に手がきをした場合にはまず出てこないおもしろい現象を起こすことができます。

コンピュータで点 C を線分 AB 上におきます。この問題文であれば，**点 C は点 A と重なっても，点 B と重なってもよいわけです。**

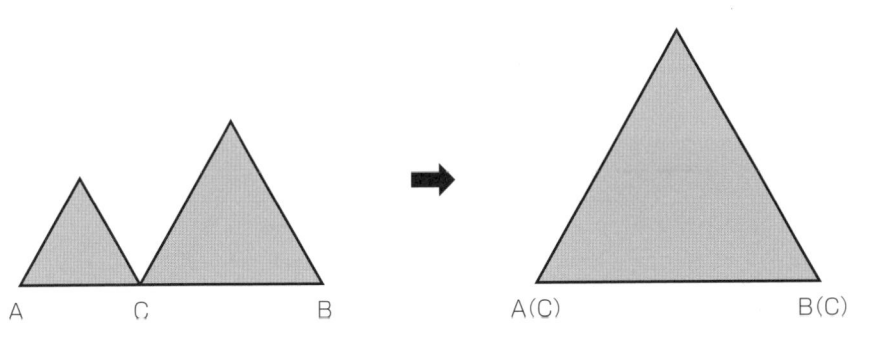

A　　　C　　　　B　　　　　　A(C)　　　　　　　　B(C)

すると，線分 AC, BC は存在しないことになりますから，題意からは外れていると考えることができます。

黒板とチョークを使っての授業では，点 C を点 A や B に重なる位置に置くことはまずしません。ともすると，点 C の位置は，板書された位置のみと思い込んでしまう生徒が多数います。

コンピュータを活用すると，このように条件から読み取らなくてはいけないこと（例　点 C の位置は線分 AB 上であるので，定まった位置はないこと）に気づかせ，意識させることができます。

8 これまでの学習と結びつける

ポイント

1 教科書の流れを意識させ学習内容の必然性を伝える
2 過去の問題との違いを強調する

1 教科書の流れを意識させ学習内容の必然性を伝える

新学習指導要領では，授業改善の方向として「主体的・対話的で深い学び」が示されました。

授業の様子を見ていると，主体性をもって取り組んでいる生徒がとても少ない教室があります。教師の指示に従い，しっかり学習に取り組んでいるのですが，自ら学んでいこうという意欲が感じられないのです。

こうした状況になるのは，**その学習を行う必然性がわかっていない**ことが要因の１つとしてあります。

生徒自らが学習の必然性に気づくことが理想ですが，これはなかなかできることではありません。まずは教師が伝えることです。「やらされ感」でなく，「やるべき感」が出てくると，きっと学習そのものがよくわかることに気づくでしょう。

その事例を紹介します。

例えば，連立方程式の学習時には，次のように話すとよいでしょう。

「君たちの中には，『なぜ連立方程式を学習するの？』と思っている人がいるでしょう。ただ『中学２年生になったから習うんだ』と思っている人に比

べたら，『どうして学ぶの？』と思っている人は立派です。本来，学習はだれかにやらされて行うものではなくて，『こういうことが必要だから学習するのだ』と納得したうえで行うことが一番よいのです。

では，連立方程式はどうして学習するのでしょう。

数学は系統的な学問ですから，過去の学習内容としっかりつながっています。

連立方程式と聞いて，1年生での学習で思い出す言葉はないでしょうか？

そうですね。方程式ですね。方程式と言っていましたが，詳しく言える人はいますか。一次方程式ですね。もっと正確に言うと，一元一次方程式です。

例えば，$3x-6=x+2$といったものでしたね。この一元一次方程式を発展させたところに，連立方程式があるのです。

連立方程式を見てみましょう。

$$\begin{cases} 3x-2y=19 \\ 5x+2y=21 \end{cases}$$

一元一次方程式と比べて，どこが変わっていますか？

そうです。文字が2種類ありますね。このことを『二元』と言います。でも『二次』にはなっていませんね。二次になる方程式は3年生で出てきます。

連立方程式は，二元一次方程式が組になっているのです。1年生で学習した方程式を発展させていることがわかりますか？　数学は，このように条件を変えたり増やしたりして広げていく学問です。だからこそ，学年が進むと内容が発展しているのです。

こうした発展が国語や社会より明確になった学問が数学です」

時にはこのように数学について語る教師になりましょう。学習する意義は確実に伝わると思います。

2 過去の問題との違いを強調する

　過去の問題との違いを鮮明にして，学習の意義を強調するのもよいでしょう。やらされ感から脱出させ，わかりやすい授業にする１つの手立てです。

　例えば，正の数・負の数では，多くの教科書の計算問題のステップは次のようになっています。

①(−４)＋６　　負の数＋正の数

②５＋(−６)　　正の数＋負の数

　このときに，**単に問題を提示するのと，「負の数を知ったので，負の数が入った計算問題を考えてみましょう」とひと言添えるのとでは，学習の質が違います。**

　この言葉に得心した生徒は，次に当然のように，「負の数＋負の数」を考えます。

③(−８)＋(−３)　　負の数＋負の数

といった計算問題に，進んで取り組むことでしょう。

　ここで①②③の問題を眺めさせ，「このタイプの問題で，他にどのような問題が考えられますか？」と投げかけてもよいでしょう。

　あるいは，教科書には同じタイプでどのような問題が出ているかを生徒に確認させてもよいでしょう。負の小数や分数が使われていることに気づくと思います。

　このように，**生徒に過去の問題を基に次の問題を考えさせることは，生徒を主体的にさせるばかりか，教科の構造自体を捉えさせることになります。**

　常にこうした展開をすることは難しいとは思いますが，このような展開を重ねることで，自ら学習の流れをつかみ，進んで学習を行うことができるようになります。

　経験から言っても，生徒が私の授業を「とてもわかりやすい」と評価してくれたのは，やらされ感ではなく，生徒にやるべき感，取り組んでみたい感をもたせられたときでした。

第3章

思考力を高める発問がもっとうまくなる5の技

9 「いつもそう言えるのか」と尋ねる

ポイント

1　発言した生徒に「いつもそう言えるのか」と尋ねる

2　他の生徒に「これはいつも言えるのか」と尋ねる

1　発言した生徒に「いつもそう言えるのか」と尋ねる

「いつもそう言えるのか」と尋ねることは，生徒の思考力を高める効果的な問い（技）です。

例えば，1年「方程式」の学習場面です。

$x+3=10$

この問題を提示すると，生徒は「$x=10-3$だから」とか，「xは10から3をひけばよいので」といった発言をするでしょう。

そのときに，教師はすぐに納得するのではなく，「いつでも10から3をひけばいいの？」と尋ね，生徒に考えさせるとよいでしょう。

予習をしてきて，右辺から左辺をひく，あるいは移項する，と覚えている生徒は少なからずいます。それを認めながらも，教師が「そのとおりだね」と納得してしまっては，生徒は本質を考えようとしません。

「いつでも言えることを説明しましょう」 と投げかけることで，

$x+3-3=10-3$

と，「等式の両辺から同じ数をひいても等式が成り立つ」という大切な考え方に行き着くことができます。

2　他の生徒に「これはいつも言えるのか」と尋ねる

前ページの例を基に話を進めます。

ようやく発言できた生徒に対して「いつもそう言えるのか」とは尋ねにくいと感じるときがあるでしょう。そのときは，他の生徒につなぐことです。

他の生徒に「10から3をひく考え方はどう思う？」と尋ねると，「いいと思います」と答えるでしょう。それを受けて「それはいつもそう言えるのか」と尋ねればよいのです。

思考力が必要な質問を１人の生徒に重ねると，考える力が十分にある生徒はよいのですが，そうでない生徒は発言を避けるようになるので要注意です。また，反応がよい生徒ばかりを指名すると，「授業はあの子たちに任せておけばいい」といった空気ができてしまう恐れがあるので留意しましょう。

前項から述べてきたことを，望ましくない展開を示して再度整理します。

望ましくない展開例

①ある生徒が発言する。

②発言内容は正しいので，教師が「そのとおり」と判定する。

③次の内容に入る。

望ましい展開例

①ある生徒が発言する。

②発言内容は正しいが，教師が「いつもそう言えるのか」と尋ねる。

③その生徒が答える。答えられない場合は他の生徒につなぐ。

④教師が他の生徒に「どうだろう，いつも言えることが説明できたかな？」と問う。

⑤ある生徒の説明をペアで確認し合う。さらに他の生徒にも説明させるなど生徒の発言をつなぎ，それらを教師が価値づけてから次の内容に入る。

10 「先生は次に何と言うか」を考えさせる

ポイント

1 「先生は次に何と言うか」を考えさせる
2 「先生の問い」の理由を考えさせる

1 「先生は次に何と言うか」を考えさせる

生徒の思考力を高めるには，いつも教師が問いや課題を投げかけていてはいけません。生徒から問いや課題が生まれてこそ，生徒がつくる数学授業に近づくことができます。

そのために，授業において次の展開に進む前に，

「先生は次に何と言うと思いますか？」

と投げかけてみるとよいでしょう。

例えば，1年「正の数・負の数の加法，減法」の学習終了時に，「先生は次に何と言うでしょう？」と問いかけたとき，生徒から「今度は正の数・負の数の乗法，除法ができるようにしよう」「正の数・負の数の乗法，除法の方法を考えよう」など，これまでの学習を基にした，次の問いや課題が出てくるようにしたいものです。

この「先生は次に何と言うか」という発問を機会あるごとに投げかけることが大切です。**繰り返している間に，確実に生徒の発言が変化していきます。**生徒が育ってくると，教師が発しなくても，生徒自らが「今度は分数や小数が入った正の数や負の数の計算を考えるといいと思います」など，学習していない事柄を意識したり，「この場合はどうなるのだろう」と思考したりし

ます。

2 「先生の問い」の理由を考えさせる

　時には，

「なぜ私はこのようなことを聞くのでしょう？」

と投げかけることも，生徒の思考力を育てることにつながります。

　例えば，前項で「いつもそう言えるのか」と尋ねる発問のよさを説明しましたが，「なぜ先生は『いつもそう言えるのか』と聞くのでしょう？」と，教師の意図を考えさせる発問をしてもよいのです。

　こう問うことで，**学習していることに含まれている規則や性質などに気づかせようという教師の思いを生徒は意識してくれるはず**です。また，それこそが数学の本質であることに気づいてくれるはずです。

033

　三角形の合同条件を学習した折に，

　「一般の三角形と直角三角形の合同条件は教科書に掲載されています。正三角形や二等辺三角形の合同条件もあってよいはずなのに，どうして教科書にはないのですか？」

と聞いたことがあります。

　正三角形も二等辺三角形も条件としてまとめるほどのことではないので，わざわざ提示されていないのですが，この折に「なぜ先生はこのようなことを聞くのでしょう？」と，問いかけの理由を聞くと，生徒の思考力をさらに高めるきっかけとなります。

　ある生徒は，「ないことに気づいてほしいから」と答えました。また，ある生徒は「一般の三角形，直角三角形だけの合同条件があることが不思議だと思ってほしいから」と答えました。

　特に2つ目の発言はうれしく思いました。**「あれっ，不思議だなぁ」と思う感覚は，追究していこうという気持ちを高めるうえでも大切だ**からです。

11 物わかりが悪いふりをする

ポイント
1 生徒の発言はそのまま受け止めて，そのまま返す
2 学習用語はきっちり使わせる

1 生徒の発言はそのまま受け止めて，そのまま返す

実は「生徒の発言はそのまま受け止めて，そのまま返す」は，できそうでできないことです。

教師は生徒の発言を聞きながら，自分で勝手に補足してしまうことが多いのです。**物わかりがよすぎる**のです。

例えば，次のような授業場面がありました。

生徒が「比例しているので，グラフはまっすぐです」と発言しただけなのに，教師は「y は x に比例しているので，グラフは直線になりますね」と返しました。

教師が生徒発言の足りない部分を勝手に補足してしまったのです。これでは生徒の表現力は高まりません。

こういう教師にありがちなのが，**テストになると急に厳密性を求める**ことです。上記の生徒発言をそのまま認めるならば，テストで（　）を埋める問題で「正比例のグラフは（まっすぐ）です」と解答しても正解にしなければなりません。ところが，テストになると（直線）しか認めません。生徒は授業で指摘されなかったわけですから，「どうして？」という気持ちになることでしょう。

2　学習用語はきっちり使わせる

　学習した用語がその後の授業で使われないのは，原因が教師にあることがほとんどです。生徒が学習用語をきっちり使っていないのに教師が物わかりよく補足してしまったり，教師自身がいい加減に使っていたりするためです。

　例えば，3年「相似な図形」では，比較する図形の形，辺や角度の大きさに特に注意して表現しなければいけません。

　ところが，教師の指示を聞いていると，生徒が混乱するのではないかと心配になることがあります。

　「この図形とこの図形は相似ですか？」

という教師の問いに対して，生徒が，

　「大きさが2倍になっているので相似です」

と答えました。

　この教師はその答えをそのまま認めてしまいました。それまでの授業で，相似の定義や相似な図形の性質について学習しているのに，それらを使わず，感覚で授業を進めてしまっています。さらに言えば，この生徒は相似を本当に理解しているとは限りません。

　相似であることは，相似の定義や性質を基に述べさせるべきです。

　例えば，「相似です。左の図形と右の図形を比べると，形は変わっていませんが，対応する辺の長さはどこも2倍になっているからです」など，学習した用語を活用して説明させるべきです。

　上記のような発言であったときは，**「大きさが2倍になっていると言いますが，角度は2倍になっていませんよ」**などと切り返して，生徒の発言の不十分さを感じさせるとよいでしょう。

　「相似だから角度は変わりません」という反応があったら大いにほめたうえで，「よくわかっていますね。でも『大きさが2倍』という言葉から，すべてが2倍になっていると思ってしまう人もいるので確認しました」と補足しておくとよいでしょう。

12 「あってもいいはず」と 思わせる言葉を発する

ポイント

1 生徒が「あってもいいはずだ」と思う言葉を発する
2 なぜあってもいいのにないのかを考えさせる

1 生徒が「あってもいいはずだ」と思う言葉を発する

「生徒が『あってもいいはずだ』と思う言葉を発する」ことは，学習を深めるうえで有効に働きます。

例えば，関数では「$y = 2x$（$0 \leqq x \leqq 15$）」のように変域を扱います。x がとる値の範囲が0以上，15以下であることを確認したうえで，次のように投げかけます。

「これからは，変域が示されないとグラフをかく場合などに困ると思うのですけど（これが，生徒が「あってもいいはずだ」と思う言葉），例えば，『$y = -x$ のグラフをかきなさい』と指示されているだけで変域がかかれていませんね。これでは困りますね」
などと投げかけるのです。

すると，多くの生徒は，素直にその通りだと思います。しかし，教科書の問題を眺めてみると，変域がついている問題はほとんどありません。

このような過程を経て，変域が示されていない場合は，「変数はすべての数である」ということを伝えるとよいでしょう。

もちろん，題意から変域を読み取らなければいけない場合があります。変数が離散量である事例（例えば，ノートの冊数）が扱われている場合では，

変数が整数値であることは当たり前なので示されません。このように，必ずしも変域が示されているとは限らないことにも触れておくとよいでしょう。

2　なぜあってもいいのにないのかを考えさせる

　典型的な例は，「**三角形の合同条件があるのだから，四角形の合同条件もあってもいいはずなのに，なぜないのか**」という問いです。

　実際に授業で問いかけてみると，「ないものはない」「高校で勉強する」といったおもしろい回答から，「四角形は三角形に分けられるので，三角形に分けて考えればよいから」という回答も出てきます。こうしたちょっとした疑問を投げかけることで，生徒の思考力を高めることができます。

　また，指数を扱うとき，教科書には，3^2，5^3など，指数が2，あるいは3の場合しか登場しません。したがって，ともすると「指数は2か3だけしかない」と思い込む生徒がいます。

　そこで，「**教科書に出てくる指数は2か3ばかりだね。もっと大きい指数があってもいいはずなのに，なぜ登場しないのでしょうか？　逆に2より小さな指数はあるのでしょうか？**」と投げかけます。

　「なぜ登場しないのでしょうか？」という語尾に誘導されて，「そういう指数はないから」と単純に回答する生徒もいますが，多くは指数の原点に戻って，「4以上もあるはずだ」と言います。また「使うことがないから」など，教科書に登場しない理由を考える生徒もいます。

　「指数に1はあるでしょうか？」という問いかけも，「あってもいいのになぜないのか」と考えさせるネタの1つです。中学校では登場してきませんが，指数が0，−1などもあるわけなので，インターネットでそれが登場するサイトを紹介するのも，数学への興味を高めるうえで有効です。

　生徒の中に「**これがあるなら，こういった場合もあるのかな**」といった視野の広い問いが生まれてくるようにするには，日頃の教師からのちょっとした投げかけが大切です。

13 「これだけしかないの？」と問う

1　折りにふれ「これだけしかないの？」と問う

数学では，すべての場合について考えることを忘れてはいけません。

そのため，教師は「これだけしかないの？」というフレーズを口癖にするとよいでしょう。

例えば，「$4abc + 16ac - 8bc$」を因数分解する問題では，

「どの項にも入っているのは，4とcだから，$4c$を外に出して…」

「なるほど。でも，それだけしかないの？」

と問うわけです。

発言している生徒にとっては当たり前のことですが，教室の中にはわからない生徒もいるからです。また，発言している生徒を若干ゆさぶることになり，「えっ，他に共通因数がある？」と再確認させることになります。教師も，共通因数を取り出すときには瞬時に最大公約数を考えて，「これしかないな」という確認をしているはずです。

このように，「これだけしかないの？」という問いかけは，**思考を再確認したり，あるいは考えが至らなかった点に気づかせたりするうえで有効**です。

2 「これだけしかない」ことを説明させる

　「これだけしかないの？」と問われた生徒は，私の経験上，ちょっと嫌な顔をします。そこで，次のように語りかけてみるとよいでしょう。

　「せっかく答えているのに，『これだけしかないの？』と言われるとは思っていなかったよね。あなたの解答が間違っているとか，あなたを責めようというのではありません。誤解しないでください。**数学においては，いつも『落としていることはないか』『これですべての場合を言っているのか』などの思考がとても大切なのです。**だから，先生は『これだけしかないの？』が口癖のようになっているのです」

　こうしたことをきっちり伝えた後，例えば，2年「確率」の問題であれば，次のように生徒に問いかけるとよいでしょう。

　「2つのさいころを投げるとき，目の出方は1と1，1と2，…，1と6，2と1はすでに出たので，2と2，2と3，…と考えていくと，全部で，6＋5＋4＋3＋2＋1で21通りだと考えた人がいました。これだけしかないのでしょうか？」

　すると，多くの生徒は「36通り」と覚え込んでいるので，すぐに「他にもある！」という反応が返ってきます。

　そこで教師は少々とぼけて，**「えっ，1と7なんてないよね？　他にどのような目の出方があるの？」**と問い返すのです。

　俄然，教室は盛り上がります。

　「出方はもうないけど，『何通り』と言われると，これだけではないと考えなくてはいけないと習った」
という発言に対して，他の生徒から「塾で習ったんだろう！　説明してよ」という，教師にとってはありがたいツッコミがありました。

　このように「これだけしかないの？」という問いは，本質に触れさせる機会を生み出す場合が少なくありません。

以下は，「これだけしかないの？」と問うとよい例です。

1年生

　等しい関係を表す式で，例えば「a 人が１人400円ずつ出して，b 円のサッカーボールを買ったところ，300円残りました。このときの数量の関係を等式に表しなさい」という問題の解答に問う。

→「$400a - b = 300$」というのが一般的ですが，「これだけしかないの？」と問うと，いくつかの等式が発表されます。

2年生

　一次関数の式を求める問題のパターンを出させるときに問う。

→「グラフが，点（2，1）を通り，傾き３の直線である」とわかると式が求められることから，「通る１点と傾き」がわかればよいのですが，「これだけしかないの？」と問うと，「通る２点」「通る１点と変化の割合」など，他のパターンが発表されます。

3年生

　三平方の定理の証明で，教科書に示されている証明以外へのアプローチで問う。

→教科書に示されている証明を理解した生徒に対して，「これだけしかないの？」と問い，「インターネットで調べてごらん」と指示すると，様々な証明があることを知り驚きます。

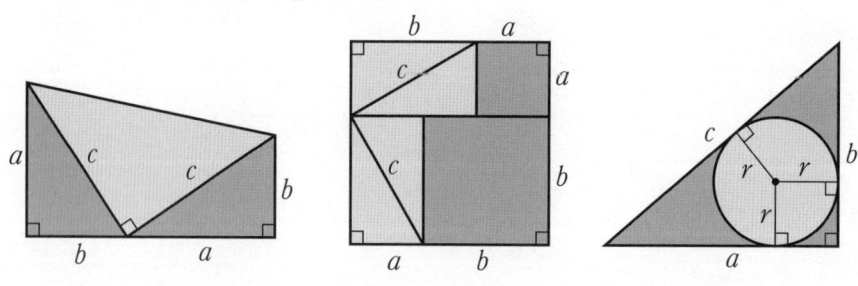

第4章

生徒の見取りが
もっと
うまくなる**5**の技

14 「○つけ法」を活用する

ポイント
1 1時間に1回は「○つけ法」を行う
2 よい点が学級全体に伝わるように声を出す

1 1時間に1回は「○つけ法」を行う

「○つけ法」とは，愛知教育大学名誉教授の志水廣先生が考案されたものです。「○つけ法」を考案される前に，志水先生は次のように言っておられました。

「先生たちは生徒を見ているようで見ていないのだよ。机間指導で生徒の側に行っても，側に行くだけで何も見て来ていない。生徒をしっかり見るようになる手立てはないものか」

このような問題を解決するために編み出されたのが「○つけ法」です。

赤ペンを持って生徒のそばへ行き，生徒がノートやワークシートに書いている事柄を見て，そのよさを口に出しながら○をつけていく方法を「○つけ法」と呼び，授業で1回は取り入れてほしいと，この方法を推奨しておられます。

よさを口に出して○をつける必要があるため，漫然と生徒が書いていることを見るわけにはいきません。どんな解き方をしているのか，どのような解答をしているのかなどを心して見ないと，瞬時につかむことはできません。

「なるほど，図形を2つに分けて考えたんだ」

「そうか。分母をそろえたんだ」

「小さい順に並べたんだ」
など，全体で共有したいキーワードを言うためには，見る力が要求されます。

　教師がそばに来てひと言声をかけてくれたり，○をつけてくれたりする（途中経過もほめる）わけですから，中学生でも喜びます。

　「○つけ法」は，数学に限らず，どの教科でもできるので，学校全体で取り組んでみるとよいでしょう。

2　よい点が学級全体に伝わるように声を出す

　よい点を教師が声に出して学級全体に伝えると，考えに行き詰まっている生徒にとっては大きなヒントになります。

　例えば，因数分解の問題で「○つけ法」を行っているときに，
　「共通因数は2だけではないんだ」
と声に出しました。

　その声を聞いて，自分の解答を見直して，文字にも共通因数があることに気づき，修正した生徒がいました。教師が回ってきたときには修正されていたので，「おっ，よく気づいたね」とほめ言葉をもらいました。生徒は，こうしたちょっとしたことがうれしいのです。

　集団追究をするときにも，個人追究の段階での「○つけ法」は有効です。それによって全員が○をもらっていれば，まったくわからない状態での話し合いにはならないので，**生徒は余裕をもって他の生徒の考えをしっかり聞こうとします。**

　逆に言うと，個人追究の段階で，「この問題はまったくわからない」という気持ちの生徒がたくさん出てしまうと。集団追究の段階で，お互いに話を聞こうという雰囲気にはなりません。

【参考文献】
・志水廣著『「愛」で育てる算数数学の授業』(明治図書，2007) はか

15 ○×で考えをはっきりさせる

ポイント

1　○×で立場をはっきりさせて関心を高める
2　○×で対話する機会をつくる

1　○×で立場をはっきりさせて関心を高める

「○×で立場をはっきりさせることが大切」とは，国語授業名人である野口芳宏先生が常に言われ，飛び込み授業でも講演でも行われている授業技術です。折々に○×で判断させることで，野口先生は「全員参加の授業」を実現されています。

この方法は単純で，教師からの投げかけに対して，生徒に○か×をノートに書かせ，自分の考えをはっきり表明させます。**自分の立場がはっきりしているので，その後の授業に否が応でも関心をもつわけです。**

この○×は，国語だけでなく，数学の授業においても様々な場面で活用できます。

例えば，次のような投げかけが考えられます。

「$2(x+2)=2x+4$は，方程式でしょうか？　○か×をノートに書きましょう」

「xがある式だから方程式だ」と答える生徒がほとんどです。実は恒等式なのですが，改めて方程式の定義を考えさせることができます。

2　○×で対話する機会をつくる

　新しい学習指導要領では「主体的・対話的で深い学び」の実現に向けた授業改善が求められています。

　この○×は，真の対話を実現する1つの手段になります。自分の立場がはっきりすると，他の生徒の考えに対して関心が起こります。関心が起こるので，対話が生まれるのです。

　例えば，前ページの方程式かどうかの判定は，恒等式が教科書に登場しないので，生徒同士のやりとりが盛り上がります。

　「xがあるから方程式じゃないの？」

　「（　　　）を外すと，左辺は$2x+4$となるよ。右辺は$2x+4$だから，＝は当たり前だよ」

　「xにあてはまる値を求めるのが方程式を解くということだけど，xに何を入れても成り立つよ」

など，方程式の定義について話し合う機会を生み出すには，まずは○×で自分の考えをはっきりさせて対話をさせることです。

　○×をつけさせるだけで，「どちらでもいいや」という気持ちでの授業参加を劇的に減らすことができます。

　「対話をする以上，必ず相手と意見が違わないといけないのでは…」と思う必要はありません。**2人とも同じ○であっても，その理由を聞き合えばよ**いのです。○の理由が必ずしも同じであるとは限りません。

　また，ペアで対話させた後，全体で○と×に分かれて論議することもできます。立場がはっきりしているので，意図的指名ができます。ペアでの対話で立場を変えた者がいれば，どうして変えたかを発表させることで，全体の話し合いを深めることができます。

16 誤答分析をする

> **ポイント**
> 1 生徒が誤りやすい問題を把握する
> 2 授業での説明や，定着させる過程を振り返る

1 生徒が誤りやすい問題を把握する

　テストを実施した後，誤答分析をしているでしょうか。時間と手間がかかりますが，生徒の状況をしっかり把握でき，今後の指導に生かすことができるので，ぜひ実施されることをおすすめします。

　まず，テスト採点後，設問ごとに正解者数と誤答者数をチェックします。私は，次のようにしてきました。

　正答が書き込まれているテスト用紙を用意します。生徒が誤答した問題には，番号の横に「正」の字を書き込んでいきます。また，誤答例も記録していきます。

　手間がかかり大変な作業だと思われるでしょうが，誤答数を記録するたびに考えることがあります。

　「同じ誤答が続いている。ひょっとして設問そのものに誤解するような要素があるのではないだろうか」

　「あれほど重要だと伝えたのに，間違いが多いのはどうしてだろう」

　「えっ，この生徒はこの問題ができているのに，これより簡単な問題で間違えている。どうしてだろうか」

など，自身の授業を振り返るきっかけを与えてくれます。

　また，こうした記録は残しておき，次の指導の機会に生かすことです。時間と手間をかけた作業は記憶に残ります。**いちいちその記録を見直すことなく，「このタイプの問題はこうした誤答が多かったな」と思い出す**ものです。

2　授業での説明や, 定着させる過程を振り返る

　誤答分析をして，説明の仕方や身につけさせるための過程を振り返ることは多々あります。

　例えば，因数分解の中でも，共通因数を取り出すことはだれにとっても容易だと思っていたのですが，誤答分析をしてみると，できていない生徒が意外に多いことがわかりました。

　すべての項に含まれている因数を取り出すのですが，授業で扱った項の数が，$4ab + 6b^2$ のように2項のものがほとんどだったので，$4ab + 6ab^2 - 8a^2b$ といった3項の因数分解の正答率がとても低いことがわかりました。

　これでは，真に因数分解が理解できているとは言えません。テスト後に補充をしました。「項がいくつあっても共通因数を抜き出すのは同じ考え方ですよね。100項あっても大丈夫だよね？」と確認したり，「それではこの学級のみんなを因数としたら，共通因数は何？」などと聞いたりしました。

　別の例ですが，「都合のよいところだけわり算」と命名した誤答があります。

$$\frac{a^2 + \overset{2}{\cancel{4}}a}{\cancel{8}a} \qquad \frac{3\cancel{(a-b)}+4c}{\cancel{a-b}}$$

　このように，生徒は分母と一方の分子に共通な因子があると，すぐにわってしまいます。「このようにしてはいけないよ」と伝えるだけでは，こうした誤りが減らないことも体感しました。そこで，**誤答例を出して，どこに誤りがあるかを見つける活動を取り入れることで，生徒に意識させました**。誤答分析をしたからこそ生まれた展開です。

17 過去の生徒の記録と比較する

1　生徒自身が過去の記録と比較するように仕向ける

　生徒自身が学習内容の理解度を自分で把握し，それを基に自分自身で次の学習内容を決めていくことが理想です。このようなことを目指して，いくつかの試みをしました。

　しかし，理解度を把握させてみると，このタイプの問題は100%理解している，あるいは全く理解していないなど，極端な捉えをする生徒がいます。

　そこで，当初は教師から基準を示すとよいでしょう。例えば，

　「この正の数・負の数の10問の計算なら，1分間で8問以上正解できれば，よくわかっていると言っても大丈夫だよ。だれしもうっかりミスはあるから，全問正解でなくても心配ないよ」

などと，正解数と時間を示すのです。

　こうしたことを何度か繰り返すと，生徒は自らの基準をつくるようになります。つまり，**生徒のメタ認知力を高めて，自ら学習内容を決めることができる力をつけていく**のです。

　こうした力がついてくると，生徒自身が過去の記録と比較をするようになります。「以前はこの計算問題は6問ほどしか正解できなかったけど，今は全部できるようになった」など，テストを自ら見直し，自分で進歩を確かめ

るようになります。

2　教師がポイントを絞って比較する

　教師が生徒の理解度を確認する方法は様々ありますが，どのような方法であっても，無理なく継続できるものでなくては長続きしません。

　例えば，**授業の冒頭に同じパターンの問題をしばらく続けて提示して，その出来具合を記録する方法**があります。

　授業開始直前に問題（例 $(a+b)^2$を展開，$x=4$のときの$3x-2$の式の値など）を板書します。

　授業開始と同時に，その問題を解かせます。

　解答は教師が伝えて，生徒自身に正誤を判断させ，正解した者には挙手をさせます。すでに学習した事柄なので，解説はしません。

　問題と正解者数をメモし，ある期間の正誤の状況を把握します。

　このように，ポイントを絞って比較することで，生徒の状況がみえてきます。

　過去の単元テストや定期テストに出題した問題をその日の授業内容に合わせて提示して，その正誤状況をみるのもよい方法です。そのためには，前項で紹介した誤答分析をしておくことが大切です。特に定着がかんばしくなかった問題を提示することで，教師自身の指導の振り返りにもなります。

　また，全国学力・学習状況調査の問題を利用することもよいでしょう。A問題，B問題とも，学校に届けられている冊子（国立教育政策研究所のwebサイトでも公開あり）で，正答率や誤答例が詳しくわかるので，生徒に過去の正答率を紹介したり，このような間違いがありましたと紹介したりすることも可能です。

18 他の数学教師と協同する

ポイント

1 教科書を基にして説明方法を聴き合う
2 生徒のノートなどを基に指導方法を聴き合う
3 授業を見合い，生徒の様子を伝え合う

1 教科書を基にして説明方法を聴き合う

　初任のときをはじめ，経験年数が浅いころは，先輩教師に授業について相談することも多々ありますが，ある程度の年数が経つと，もう聞ける立場ではないと判断して，交流をしない教師が少なくありません。しかし，これほどもったいないことはありません。

　ある程度の経験を積んだからこそ，お互いに役立つ情報交流ができるのです。若いころは情報をもらうばかりで，自分からの情報提供はおこがましくてできなかったのではないでしょうか。

　例えば，説明が難しいと感じている指導箇所がだれにもあるはずです。そこで，**教科書の該当ページを示し，どのように説明しているか聴き合う**のはどうでしょうか。

　例をあげて考えてみます。錯角の説明です。教科書には，右のような図を示したうえで「∠cと∠eのような位置にある2つの角を錯角といいます」と書かれています。

　錯角の関係を言葉（文章）だけでは言い表しにくいので図示されているわけですが，そういう場面だからこそ，どのように説明しているのか，交流する意義があります。

　ある教師は「いくつかの図を示して帰納的に教えている」と言い，ある教師は「錯角は内側にできる角の関係で，斜めの関係だと説明するよ」と言うかもしれません。こうした交流で得たものの中で，自分がしっくりくる説明を取り入れればよいのです。

2　生徒のノートなどを基に指導方法を聴き合う

　教科書を基に交流することをおすすめしましたが，生徒のノートを基に他の数学教師と話し合うのもよいことです。

　例えば，何度指導しても，

$$2(x+5)-3x=2x+10-3x=-x+10$$

のように式を続けて書いてしまう生徒がいます。こうした生徒のノートを見せて，「先生の学級にはこのように書く生徒はいませんか？」と尋ねるのです。

　他学級にも必ず存在するはずです。

　「いるよ，我が学級にもこのように書く生徒は。指導したら，小学校から習慣になっているようで，これまで注意を受けたことはなかったとびっくりしていたよ。それで，『教科書でこのように＝で結ばれているところを見つけてごらん』と指示したら，まったくありませんでしたと納得したよ」など，具体的な指導事例を聞くことができます。

　また，証明の記述は，正誤を判断するときに迷う問題です。生徒のノートを基に，「こうした記述は正解にするかどうか」を話し合うとよいでしょう。

　経験上，**記述については教師によって見解に幅があるので，その分，それぞれの判断理由を聴き合うと，とても参考になります。**なお，小規模校で数学教師が1人しかいないということもあるでしょう。そういった場合は，地

区の研究会などに積極的に参加して交流されることをおすすめします。

3 授業を見合い，生徒の様子を伝え合う

授業を見合うとなると，教師の発問や指示ばかりに注目してしまう人がいます。ここで提案したいのは，**互いに授業に入って生徒の様子をつかみ，それを伝え合いましょう**ということです。授業をしながら，すべての生徒の様子を捉えることはできないので，他の教師に見てもらうわけです。

例えば，解の公式を使って解く問題の出来具合です。正誤の判定であれば，担当教師だけでもできますが，解が誤っていた場合，その理由をつかむには時間がかかります。そこでもう1人の教師に協力を仰ぎ，情報を得てそれを生かすことで効果的な全体指導ができます。誤りの傾向をつかむのです。

また，協力する教師は，他学級生徒の理解の状況をつかむことで，自身の担当学級での指導に生かすことができます。他学級の授業参観は大変だと思いますが，せめて学期に1，2回でよいので，時間をつくって見合うとよいと思います。

生徒の状況を見てもらうのであれば，数学教師でなくても構いません。例えば，**その学級の担任に見てもらうことも可能**です。

私自身も，自分の学級が他教科ではどのように授業に取り組んでいるかを知るために，授業参観をすることがありました。参観中に，生徒がノートやワークシートに書いていることを見ていると，気づくことが多々ありました。自分の授業では見られない姿を見ることもあって，様々な場面で生徒を捉える努力をすべきだと痛感したことも少なくありません。

第5章
生徒の言葉で授業をつくることがもっとうまくなる5の技

19 生徒の言葉をつなぐことに徹する

ポイント
1 生徒の発言に教師が言葉をつけ加えない
2 意図的指名により生徒の言葉をつなぐ

1 生徒の発言に教師が言葉をつけ加えない

多くの授業を見ていて共通して感じるのは,「教師が生徒の発言に勝手に言葉をつけ加える」ということです。

例えば,円の授業で生徒が「そこの角のところ」と発言しただけなのに,教師は「ああ,この∠APBですね」とか,「円周角∠APBですね」など,授業展開がしやすいように,生徒の発言に言葉をつけ加えてしまうのです。

学習した数学用語を使ってわかりやすく話そうとしているのは教師だけで,これでは生徒の言語力も高まりません。

「このような教師がいるのか」と驚くかもしれませんが,自分の授業を録音して聞いてみてください。自分も,知らない間に生徒の発言に言葉をつけ加えていることがあるはずです。

実は,生徒の発言を教師がそのまま繰り返すことは,かなり難しいことです。授業を録音してみると,はっきり自覚できるでしょう。

理路整然と話すことができる生徒はそれほど多くありません。

「えっと,∠Aとここと合わせると…,合計は角度になって…」
などと,文字に起こしてみると,意味の通じる日本語になっていない場合が多々あります。**生徒の発言はそういうものだと自覚してそのまま捉え,1人**

の生徒の発言を学級全体でつないでいくことを心がけましょう。

　なお，長く発言する生徒がいます。人に伝えるためには短く表現することが大切であることを伝える意味で，教師が発言を途中で区切って，キーワードを繰り返すことも有効です。

2　意図的指名により生徒の言葉をつなぐ

　ある生徒がとてもすばらしい発言をしたとします。

　しかし，それに対して他の生徒が「とてもよい発言をしたね」と言うことはありません（少なくとも私はそんな生徒に出会ったことはありません）。

　しかし，級友の発言を聞き，何かしら思うことは確かです。そこで意図的指名をするのです。

　「おっ，今の発言を聞いてうなずいたよね。どうして？」
などと，**発言を聞いているときの生徒の様子をしっかり見ておいて，アクション（表情変化も含む）を起こしている生徒に，その理由を尋ねる**のです。

　また，机間指導の際に，生徒が書いていることを読み取っておき，

　「○さんは今の□さんの考えと同じだと思うのだけど，ノートにはそれを図でかいていましたね。黒板にもかいてくれませんか？」

　このように，生徒の考えを黒板を使ってつないでいくことも，まさに意図的指名だからこそできるのです。

　「意図的指名がなかなかできなくて困っています」と話す教師に出会うと，**「生徒に表情発言をすすめていますか？」**と尋ねます。無表情で，まるで能面のような顔をして授業を受けている生徒はいません。表情で精一杯発言していると思えば，その表情を基に指名ができるはずです（「表情発言」については第6章の24で詳しく述べます）。

　「△さん，今日は難しそうな顔をしてるね。何か困っているのですか？」
と尋ねてみてください。生徒は「先生は自分のことをとてもよく見てくれている」と思うことでしょう。

20 キーワードを板書する

> **ポイント**
> 1 生徒発言のキーワードを板書する
> 2 キーワードをつなぐことを意識する

1 生徒発言のキーワードを板書する

　生徒に板書させるとき，指示の不徹底によって，小さな字で書いてしまい，教室の後ろからはほとんど見えない，というのはとても残念です。後ろの生徒には見えない板書を基に，「合っていますね」などという教師の言葉を聞くと，空しささえ感じます。

　単に最後の解答だけに注目するのなら，口頭発表でもよいのです。生徒に書かせるときには，**「この枠いっぱいにぴったり収まるように，後ろの人からもよく見えるように書いてください」**などと，具体的に指示することです。

　「この先生は，板書に何を書いたらよいかをあまり考えていないな」と感じることもあります。まず，試みてほしい板書のヒントは国語授業にあります。国語では，作品との出合いの場面では初発の感想を書かせます。作品を読み進めていくうちに，その感想は変化していきます。その作品の内容がわかってくるからです。

　これを数学授業で応用します。

　課題（問題）を知らせたり，板書したりした直後に，数人の生徒に課題を見ての感想を言わせるのです。

　「難しそうな感じ」

「前にやったことがあるかも」

「分数があって嫌だなあと思います」

など，**生徒の気持ちを聞き取り，それをキーワードで板書します。**

「難，学習済みかも，分数×」

といった具合です。黒板の右端に板書します。そして，

「さあ，この気持ちがこの課題が解決したときにどのように変化するかが楽しみですね。授業の終わりになっても，また難しいなという気持ちだったら，先生は授業を失敗したなと反省します」

などと話します。

また，板書で大切にしたいのが**思考のキーワード**です。「分母そろえ」「小数を整数に」「変数に注目」「表は縦と横に見る」「図形はいろいろな角度から見る」など，思考を深める言葉を黒板に色チョークでしっかり書きます。

2　キーワードをつなぐことを意識する

板書は，単に生徒が書き写すための情報ではありません（そのように感じる板書が少なくないのは残念です）。

板書をその授業内で活用することを心がけましょう。国語や道徳授業などでは，時間をかけて生徒発言を律儀に板書して，そのまままったく使わない場合を目にします。何のために板書したのですか，と問いたくなります。授業のリズムも板書によって崩されています。

キーワードを板書し，この言葉を使って意図的指名をしていくことを考えたらどうでしょう。例えば，

「黒板に書いたように，『分母そろえ』という考えがありました。○さん，分母をそろえると，どのようなよいことがあったのでしょうか？」

「『表は縦と横に見る』と書きましたが，□さん，『横に見る』とは，すぐ隣でなくてもよいのですか？」

このようにキーワードを基に授業を展開すると，板書がより生きてきます。

21 「同じです」と言わせない

ポイント
1 「同じです」という発言を厳禁する
2 ちょっとした違いに価値があることを知らせる

1 「同じです」という発言を厳禁する

生徒に発言を求めたときに,「同じです」が続くことがあります。

こんなとき,どのように対応していますか?

この「同じです」を1人認めてしまうと,延々と続いていきます。ちょっと感情的になって,「全員同じなの?」と聞いて,「同じだから同じなんです」と生徒に切り替えされてしまった方もいるかもしれません。

そこで,「授業開き」のときに,**「私の授業では『同じです』という発言は受けつけません。なぜなら,同じことを表すのにも,様々な表現があるからです」**と宣言しておくとよいでしょう。

そして,「同じことを表すのにも,様々な表現がある」ことの体験をさせておくと,生徒は納得すると思います。

例えば,「17番目の秘密」という授業のネタがあります。1番目と2番目の数をたして,3番目にはその一の位だけを書くというルールですが,3番目に書く数のルールを考えさせると,様々な表現が出てきます。

「十の位を書かない」

「一桁の数だけ書く」

「十の数を引いた数を書く」

「右の数だけ書く」

　このように，「一の位を書く」ことを示すだけでも，生徒からいろいろな言い方が出てきます。「先生が言っていたのはこういうことか」と体験させておくと，「同じです」を認めないことへの抵抗感も減ります。

2　ちょっとした違いに価値があることを知らせる

　生徒の言語感覚を磨くうえでも，ちょっとした表現の違いに価値があることを伝えておきましょう。

　例えば，はじめの生徒が「点Aと点Bを結ぶ」と言ったとします。そのときに，**「他の言い方は？」と別の生徒に聞く**のです。

　日頃から，教師がちょっとした違いを大切にするとわかっている生徒は，「点Aと点Bを線で結ぶ」と言います。さらに次の生徒は，「点Aと点Bを線分で結ぶ」あるいは「点Aと点Bを直線で結ぶ」と表現するでしょう。

　直線や線分という数学用語の学習後であれば，その違いを意識して表現できる生徒に育てるべきです。

　また，ちょっとした違いだと思っても，直線と線分では数学的に大きな違いがあり，こういうことに神経をつかうことができるのはすばらしい，と価値づけておくとよいでしょう。

　また，生徒が「点Aと点Bを線で結ぶ」と表現したら，わざと左下の図のように点Aと点Bを曲線で結ぶとよいでしょう。

　生徒が慌てて「線といってもまっすぐな線です」とつけ加えたら，「わかったよ」と今度は点Aと点Bを通る直線をかきます。すると「端っこがある線，いや線分です」と，自分の表現が不十分であることに気づきます。

22 ペアの話し合いを聞いて生かす

ポイント

1 ペアでの話し合いの様子をしっかり見て生かす
2 ペアの書き込みは記号化させて生かす

1 ペアでの話し合いの様子をしっかり見て生かす

新しい学習指導要領で「主体的・対話的で深い学び」による授業改善が求められたことで，ペアによる対話をよく目にするようになりました。

そのときの教師の動きは様々です。それぞれのペアのところへ行って何を話しているかを聞いて回っている教師，全体の様子を見ている教師，次の授業展開のために準備をしている教師，取り立てて何もしていない教師などがいます。

どのような動きをしたところで，すべてのペアの話し合い内容をつかむことはできません。

したがって，**ペアでの話し合いを指示したら，まず全体の様子をしっかり観察すること**です。対話ができていないペアがあると思います。何かしらの事情があると考え，しばらく様子を見て，あまりにも対話ができない状況であれば，ペアの間に入り，つながるように軽く指導しましょう。

逆に，盛んに対話をしているペアもあります。**生徒の表情をしっかり見ておき，意図的指名の判断材料にするとよい**でしょう。特に教科書やノートを開いて話し合っているペアは，注目しておくとよいでしょう。意図的指名の有効な材料になります。

2　ペアの書き込みは記号化させて生かす

　最近，対話の内容を共有しやすくするために，2人に1枚，あるいは4人に1枚のミニホワイトボードを用意して，そこに考えを書き込ませる活動を目にするようになりました。とてもよい試みだと思います。

　ただし，書き込みをさせるときには若干の指導が必要です。2人，あるいは4人で話し合っていても，書き込みをする生徒は1人になりがちです。中には，書き込み役と限定して決めてしまい，話し合いに参加させていない場合があります。ホワイトボードに書き込みをすることが目的になってしまっている例です。

　また，書き込みを終わったボードを黒板に貼りつけて，それを基に全体の話し合いを進める展開をよく目にしますが，ボードの書き込みが十分に生かされていないと思うことが多々あります。

　これは当然のことで，例えば9グループの書き込み内容を瞬時に読み取り，全体の話し合いに生かすことは至難の業です。

　そこで，おすすめの方法があります。**ペアの話し合いを記号化させる**のです。例えば，課題について2人の話し合いでよくわかったときには「◎」，ほぼわかったが少しわからないところがあるときには「○」，よくわからないときには「△」，新たな疑問が生まれたときには「？」を書くなど，単純な記号で表すように指示するのです。

　このようにすると，書き込み時間はものすごく短縮でき，黒板にボードを貼りつけても，瞬時に各ペアの状況がわかります。

　また，「△と書いたペアに，どこがわからなかったのかを発言してもらって，みんなで話し合いましょう」と授業を展開することができます。その際には，「◎」「○」と書いたペアを指名することで，無駄のない授業展開ができます。

23 生徒の振り返り文から
授業を始める

ポイント

1 生徒の振り返り文を価値づけする
2 振り返り文を基に授業の課題を設定する
3 創作した振り返り文を使って授業を構築する

1 生徒の振り返り文を価値づけする

　生徒の自己評価力を高めるために，また教師自身が授業評価をするために，生徒に振り返りを書かせる取組が多くなりました。この取組もとてもよいと思います。

　大学入試改革の中で，eポートフォリオの有効性が注目を集めるようになりました。自分自身で学習履歴を保存し，自分のキャリアを合否の判定材料として提示したり，自分自身の成長を振り返る資料としたりすることが重要であると認知されるようになってきました。

　こうした流れを踏まえても，授業で振り返り文を書く活動は，とても大切です。

　その際の留意点を示しておきます。

①単元ごとに振り返り文を累積できるように工夫する

　工夫の1つですが，単元ごとに振り返りシートを用意し，日付と気づきを書かせるとよいでしょう。

例)4/12　授業で習った言葉を使って発言しないと人に伝わらないことがわかった。今日も「負の数」と言わず「マイナスの数」と言ってしまった。

②多くの振り返り文を求めない

２，３分間で書ける程度のものにしないと継続できません。また，たくさん書かれていると読むのも大変です。

③評価は線を引くなど簡潔に行う

最初に生徒に約束をしておきます。「波線を引いたところはいいなあと思ったところ」「二重線は次の授業で生かしたいと思ったところ」など，教師側の評価は線を引くことで行うことを伝えておきます。コメントを書くことが理想ではありますが，長続きしません。できる限り簡略化することが継続させるコツです。

2 振り返り文を基に授業の課題を設定する

振り返り文を次の授業で生かすことは，生徒と共につくる数学授業実現のための１つの方法です。

振り返り文を書き始めたころには，なかなか次の授業に生かす文は出てきません。ほとんどの生徒が，振り返り文を書くことを授業の反省を書くことだと思い込んでいるからです。

それを打破するためには，よい振り返り文を紹介することです。例えば，「移項を習いました。方程式を解くときには，全部移項を使えばよいのかと思いました」という振り返りがあったとしましょう。

「全部移項を使えばよいのか」のところに，二重線を引いておき，「〇さんは，このような疑問をもってくれました。そう思いますよね。今日は，これまでに登場しなかった方程式の解き方を考えます。移項を使わないときがあるかどうかは，考えるときのポイントですね」などと，**今日の課題に教師がつないでいく**のです。

授業の最後に〇さんに確認することを忘れてはいけません。「〇さん，移項を使わないときはありましたか？」と。こうして生徒と共につくる数学授

業を構築していくのです。

3 創作した振り返り文を使って授業を構築する

　授業の演出として，実際の振り返り文ではなく，創作した振り返り文を使うことも，年に数回であればあってもよいと思います。

　ただし，**「過去の学年の授業では，このような振り返り文がありました」**といった創作にしておきましょう。「ある人の振り返り文では…」などというと，生徒の興味が「だれの文？」と違うところへ移ってしまうことがあるからです。

　私が過去に創作した振り返り文を紹介しましょう。

「比例式 $x:100＝3:5$ に当てはまる x の値を求めるのに，わざわざ $\dfrac{x}{100}＝\dfrac{3}{5}$ というように，比の値を使うのは面倒だなと思いました」

→当時の教科書には，「外項の積は内項の積に等しい」という指導内容はなく，それを引き出したいために振り返り文を創作して授業を展開しました。

「関数 $y＝x^2$ について，x の値が 1 から 3 まで増加するときの変化の割合は，1 と 3 をたした数と同じだと気づいた。どうしてだろうか」

→「関数 $y＝ax^2$ において，x の値が b から c まで増加するときの変化の割合は，$a(b+c)$ である」と教師側が展開してもよいと思いつつ，ある生徒が発見したと提示した方が，他の生徒にはよい刺激になると思い創作しました。

第6章
話し合いの指導がもっとうまくなる5の技

24 「表情発言」を推奨する

1 表情発言も立派な発言であると伝える

国語授業名人の野口芳宏先生は,「挙手指名方式」,あるいは「上澄み指名方式」の授業は止めるべきだと言われます。

「挙手指名方式」は,手をあげている生徒だけを指名して進める授業です。「上澄み指名方式」も同様です。手をあげる生徒はよく理解して,頭の中がすっきりしている生徒です。液体でいえば上部の上澄みです。そのような生徒ばかり指名して授業を進めていては,本当に困っている（液体下部で濁っている）生徒は,授業に参加できないというのが野口先生の主張です。私も同感です。

そこで,表情で反応することを「表情発言」といい,挙手と同じだけの価値があると生徒に伝えておきましょう。

私は,ときどき飛び込み授業をします。「はじめて出会った生徒とよく授業ができますね」と言われますが,生徒の様子を捉えるために,表情に注目することが有効な手段となっています。

授業冒頭では,次のように伝えます。

「君たちとはじめて出会ったので,当然ですが,普段の君たちの様子はよくわかりません。表情からも君たちの状態が読み取れません。そこでお願い

です。『よくわかっているよ』というときは，ニコニコしてください。『ちょっと待って！　困っています』というときは，曇った顔をしてください。では練習しましょう」

このように，生徒との距離を縮めることもねらいながら話します。つまり，表情発言も立派な発言だと伝えているのです。

2　表情から理解度を推し量り授業を進行する

表情から理解度を推し量り授業を進行するのは当たり前のことで，わざわざ伝えることではないと思われるでしょう。ところが，これができていない教師が少なからずいるのです。

例えば，課題提示の場面です。教師がやらなければならないことは，課題提示だけではありません。大切なのは，課題提示をした直後の生徒の様子を見ることです。

黒板に課題を書いた後，教師が「何か質問はありませんか？」と問いかける光景がよくみられます。

しかし，生徒の立場になって考えてみましょう。**「ここがわかりません」とすぐに言えるでしょうか。とても勇気がいることです。**だからこそ，教師は生徒の表情から理解度を捉え，それを基に授業を展開するべきです。

「おや，この課題を見て『ちょっと難しい』という表情をしましたね。心に浮かんだことを話してくれますか？」

「x を使うのかなぁと思って…」

「なるほど，とてもいいことを言ってくれましたよ。皆さん，どう思いますか？　x を使うかどうかについては？」

「わからないところを x にして式をつくるんだと思います」

「別に x でなくてもいいので，文字を使うということで…」

このように，ある生徒の表情に着目するだけで，授業を展開していくことが十分可能です。

25 意図的指名を多用する

1 意図的指名を宣言する

授業開きのときに，どれほど自身の授業の方法について伝えているでしょうか。何人かの先生に聞くと，ほとんどの方が何も触れていませんでした。授業を進めていけば自然にわかるものですが，教師が考えているように生徒が捉えているとは限らないので，明確に伝えておくことをおすすめします。

伝えたいことの１つに，指名の仕方があります。多くの生徒は「挙手することで指名される」「列で順番に当たる」「日にちと出席番号が一致するときに当たる」と思っていることでしょう。

逆に，上記に当てはまらなければ当たらないと思っている生徒が多いとも言えます。

しかし，話し合いは挙手した者やたまたまその列にいた者の発言だけでは充実させることはできません。

授業展開の中で，必ず必要になるのが意図的指名です。したがって，授業開きの折などに，「先生は，手をあげていなくても急に当てて考えを聞くときがあるので，知っておいてください。例えば，皆さんのノートを見ていて，『この考えはぜひこのときに発表してほしいな』と思うときがあります。そのときには，**仮に何人かが手をあげていても，その人たちより優先して指名**

します。その方がよい話し合いができるからです」

　生徒に意図的指名という言葉を説明する必要はありませんが，教師の考えは伝えておくべきです。

2　意図的指名を多用する

　意図的指名を宣言したならば多用しましょう。意図的に指名するわけですから，その意図が大切です。

　例えば，

　「おっ，Ａさんの発言を聞いていて，うなずいたね。どうして？」

　「Ｂさんの発言を聞いて，ちょっと首をかしげたね。何か感じたの？」

　このように，生徒の表情を見て，生徒同士をつなぐように意図的に指名するのです。

　また，

　「Ｃさんの発表を聞きながら隣の人に何か聞いたよね。何を聞いたの？」

　「Ｄさんの発言を聞きながら，思わず拍手をしたね。どこで拍手をしようと思ったの？」

　このように，生徒のちょっとした動きを捉えて，その動きをほめる気持ちで意図的に指名します。

　さらに，

　「先ほどノートを見ていたら，みんなに紹介したい考えをＥさんが書いていました。ぜひ発表してください」

　「Ｆさんは，なかなか興味深い補助線をかいて解いていました。黒板にかいてもらいましょう」

　このように，ノートを基に意図的指名することもできます。

　授業の中で**「タイミングよく発言しよう」「今の意見と違うので発言するのは今だ」と考えることができる生徒は稀**です。だからこそ，生徒一人ひとりを生かすためにも意図的指名の多用をおすすめします。

26 名司会者になる

> **ポイント**
> 1 名司会者は正誤判定者にはならない
> 2 名司会者は言葉をつけ足さない

1 名司会者は正誤判定者にはならない

「授業がうまい」と思う教師に共通していることの１つに，名司会者である，ということがあります。どんな点が名司会者なのかを紹介しましょう。

1つは，**生徒の発言を基に合意形成をしようとしている**点です。

悪い例を示した方がわかりやすいでしょう。例えば，１人目，２人目の生徒の発言内容が，今ひとつ的を射ていなかったとします。そして，３人目はまさに教師が望む発言をしたとすると，その３人目の発言が終わったときに，「そうですね。皆さん，わかりましたか」とまとめてしまう教師がいます。

教師が思う正解が出るまで当て続け，それが出た途端この反応では，不十分な考えを述べた生徒は，無視をされたような気持ちになるでしょう。

この場合は，３人の発言を同じトーンで聞くこと，３人目の発言が終わっても，「他に意見がある人はいますか？」と聞き，なければ「今の３人の発言を基に考えていきましょう」と展開すべきです。

生徒の発言を基に合意形成することは，司会者が正誤判定者にならないということです。

2つ目の共通点は，**話し合う事柄を明確にしている**ことです。これも悪い例を示しましょう。

　よくある例が「では，話し合いましょう」とだけ指示する教師です。生徒はわかっているものと思い込んで指示しています。しかし，生徒はというと，隣同士で「何を話し合うの？」と聴き合っている光景を目にします。

　話し合う事柄を明確にして，「xの値をどんどん大きくすると，グラフはx軸と接触していくように見えますね。もっとxの値を大きくすると最後はx軸に触れるのかどうか話し合いましょう」などと，議題をしっかり明示することです。

2　名司会者は言葉をつけ足さない

　話し合いの進行を急ぐあまり，生徒の発言に教師が勝手に言葉をつけ加えてしまう場合がありますが，これも避けたいところです。生徒の発言をしっかり聞き，できるだけ忠実に再現することが大切です。

　例えば，生徒が「（　）の前にマイナスがついているので，（　）の中の式は反対になります」と発言したとします。

　これは正確性に欠ける発言です。

　そこで，教師が気を利かして，「そうですね。（　）の前がひき算ですから，（　）の中の式の符号は，反対になりますね」と言葉を足してつないだとしましょう。しかし，教室には「マイナスと言わないで，演算で習ったようにひき算というべきだ」と思って発言しようとする生徒がいるかもしれません。

　教師が生徒の舞台を取り上げてしまってはいけません。そのためにも，教師が勝手に生徒の発言に言葉を足してはいけないのです。

　また，生徒の発言を何でもすべて板書しようとする教師がいます。このことで話し合いのリズムが悪くなり，授業全体を重たくしてしまう場合があります。**名司会者は話し合いを滞らせません。**板書がリズムを崩すことにならないように留意しましょう。

27 考え方を固有名詞化する

072

> **ポイント**
> 1 よい考え方を価値づける
> 2 考え方を使えるようにするために固有名詞化する

1 よい考え方を価値づける

生徒に考えさせることの大切さは言うまでもありません。それを実現させるために，どのようなことを心がければよいでしょうか。

まずは，生徒が考えたときに価値づけることです。「それはいつも心がけている」という教師が多いのですが，往々にして，その価値づけは正解を出したときだけになっています。**たとえ正解に行き着かなくても，その過程を認めてやりたいものです。**

「分母をそろえようとしたんだ」

「表をつくろうとしたんだ」

「図形を２つに分けてみたんだ」

このように，考えている過程を認め，ひと言，価値づける言葉を投げかけてほしいと思います。

こうして価値づけておくと，話し合いのときに意図的指名をすることもできます。

「先ほど○○さんに先生が言った言葉があるよね。何と言ったか，みんなに伝えてくれますか？」

「先生からは，『図形を２つに分けたんだね』と言われました」

　このように，生徒は教師からの言葉をよく覚えているものです。ほめられた言葉であればなおさらです。

2　考え方を使えるようにするために固有名詞化する

　よい考え方は，学級全体で共有し使いたいものです。そのため，よい考え方が出された場合は，固有名詞化するとよいでしょう。

　一番簡単な方法は，発言者の名前をつけることです。

　「なるほど，負の数が入っても大丈夫かと考えたんだ。大切なことだね。では，このことを『伊藤の心得』と言うことにしよう」（「伊藤」が発言者の名前）

　このように，発言者の名前をつけて固有名詞化しておくと，まず本人は忘れません。

　「xとyに一次関数の関係があるかどうかは，$y = ax + b$という式になるかどうかを考えるんだね。これを『一次関数判定法』と名づけておこう」

　このように固有名詞化しておくと，生徒の記憶に残ります。もちろん，**名づけた教師が意識して活用することが大切**です。

　「この問題は，『一次関数判定法』を使うといいね」

　このように教師が繰り返し発することで，考え方を価値づけることにもなります。

　さらに記憶に残すために，教科書に書き込みをさせることも有効です。上記の例で，一次関数かどうかを調べるための方法が書いてある箇所に「一次関数判定法」と書き込みをさせておくのです。

　自らの書き込みがある教科書に愛着がわき，何度も見返している生徒に出会ったことがあります。

28 話し合いを再現させる

ポイント

1 真の話し合いとは何かを知らせる
2 ペアや４人での話し合いを再現させる
3 Ａ３用紙の記録を活用させる

1 真の話し合いとは何かを知らせる

新しい学習指導要領で「主体的・対話的で深い学び」という授業改善の方向性が示されたこともあって，授業の中で「話し合い＝対話」が積極的に取り入れられるようになりました。

中原淳氏（立教大学経営学部教授）は，ＡさんとＢさんが真の対話ができたときには，Ａさんの考えにＢさんの考えが少し加わり，Ｂさんの考えにはＡさんの考えが少し加わる，と言っています（中原淳『研修開発入門』（ダイヤモンド社））。

教師は必ずこうした定義をもっているべきです。ただ単に，「隣とやりとりしていれば対話をしている」という認識では困ります。

もっとも，生徒に上記のような対話の定義を伝えても理解ができないかもしれません。**どのようなことが真の対話なのかを具体的に知らせる必要があります。**そのために，次に示す「ペアや4人での話し合いを再現させる」という方法を試してみてください。

2　ペアや4人での話し合いを再現させる

　「ペアや4人での話し合いを再現させる」ことは，真の話し合い（対話）のイメージをもたせるために有効です。

　まずは，ペアで話し合っているときの様子をしっかり観察しましょう。やりとりが続いているペアを見つけて指名して，「今のやりとりをできるだけ正確に再現してください」と指示します。最初はなかなかうまくできませんが，慣れてくるとどのペアを指名してもちゃんと再現できるようになります。

　次の例は，AさんとBさんの負の数学習後の平均を求める話し合いを再現したものです。

A　60を基にして，それより上はプラス，下はマイナスで考えて，計算して…。

B　60はプラス？　マイナス？

A　60はゼロ。

B　ゼロだったら，たさなくてもいいね。

A　でも，わるときはそれをなしにしてはダメだよ。

B　どういうこと？

　かなりよい話し合いがされている例です。Bさんがわからず屋であることがよい話し合いを生み出しています。

　再現させた後が教師の出番です。話し合いのよいところを価値づけます。

　「BさんがAさんの考えをしっかり聞いて，質問しているのがいいですね。また，素直に『ゼロだったら，たさなくてもいいね』と自分の考えを述べているところもいいね。そして，Aさんが『でも，わるときは…』と言って，注意点を示しているのもいい。こういう話し合いがとてもよいのです」

　このように，再現させた後，**よさの共有を図る指導を繰り返す**ことです。一度の価値づけで共有はできないので，機会のある度に行いましょう。こうした指導を通して，生徒が真の話し合いについてイメージをもてるようにすることが肝要です。

3 Ａ３用紙の記録を活用させる

　美術授業で活用できるコンピュータソフトに，「脳の鏡」というものがあります。学校に生徒用コンピュータが設置されたころのソフトですから，随分前のものです。この「脳の鏡」は，再構成型描画ソフトと言われ，作品のかき始めからかき終わりまでを，ビデオのように再生できるソフトです。再生を繰り返し，もう一度自分の作品を見ながら振り返ることで，自分がこだわった点や工夫した点を見つけ出すことができます。

　このソフトから，思考を再現することの価値を改めて認識しました。

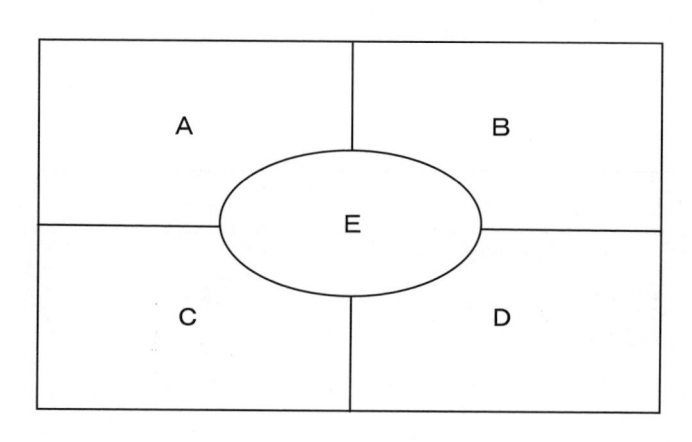

　また，このソフトをヒントにして，上図のように４分割され，中央に円がかかれたＡ３用紙を活用しました。**この用紙に話し合いを記録させ，グループでの話し合いの再現を容易にしたい**と考えてのことです。

　ＡからＤにそれぞれの考えや解答を書かせます。その４つを受けて，中央のＥの楕円の中に，その４人で話し合った結論を書かせます。

　この記録を基に発表させると，話し合いを比較的正確に再現することが可能になります。

第 7 章

「数学的な見方・考え方」
を鍛えることが
_{もっと}うまくなる5の技

29 生徒のつぶやきを価値づける

1 生徒のつぶやきを推奨する

生徒のつぶやきを話題にすると，「小学生はつぶやくでしょうが，中学生はつぶやかないですよ」と言われる方がいます。そういったときは，「それは思い込みですよ。休けい中の彼らをご覧ください。あんなに話しているのですよ。その彼らがつぶやかないわけはありません」と返答します。

「授業は静かに聞いているものだ」と決めつけてはいないでしょうか。教師の話や級友の発言があるときは静かに聞いているべきですが，これをすべての場面に当てはめてはいけません。

職員室で「あの学級は静かに聞いているからいいねぇ」という学級評価を耳にすることがあります。学級日誌に書かれた生徒の振り返りに，「今日はとても静かだったのでほめられた」などという記述を見て，がっかりしたことがあります。ぜひ「話すべきときは盛んに交流するからいいね」という視点で学級評価をするべきです。

そのためには，生徒につぶやきを推奨し，それを授業で生かすことです。**つぶやきには生徒の「数学的な見方・考え方」が表れやすい**のです。逆に，**改まった発言では思考の過程は表れにくい**のです。

隣席とやりとりしているときの，「ここの数って，おかしくない？」など，

何気ない発言の中に，生徒の「見方・考え方」が潜んでいます。この場合，タイミングよく教師がこのつぶやきを拾い，「なぜおかしいと思ったの？」と聞くことができると，「他の数は偶数ばかりって感じだから」などと答えるでしょう。「へぇ，ここの数は偶数だけと言えるのかな？」と問いを投げかけることもできます。

2　生徒のつぶやきを価値づける

　生徒同士で「いいつぶやきだねぇ」と言葉を交わしている風景は見たことがないと思います。通常の発言を含めて，その評価は教師がすべきです。

　そのために，すでに書いたように，つぶやくことを推奨し，教師はそれを必死に拾うことです。

　実は，生徒が一斉につぶやくことはありません。**ちょっとした静寂の中でぼそっとつぶやくので，つぶやきを拾うことはそれほど難しいことではありません。**

　また，生徒が一斉に何かを発したら，「みんな，何かを思ったようですねえ。Aさん，今，何と言ったの？」と尋ねることです。生徒に動きがあるということは，何かが起こったときです。

　つぶやきを拾ったら，その訳を伝えることで価値づけることになります。

　「分数でいいのか，とBさんは言ったね。Bさんのように数の表し方を意識することは大切ですよ」

　「傾きはゼロになるか，とCさんは隣の人に言ったよね。傾きの範囲を考えていないと出てこない言葉だから，聞こえてきて嬉しくなってしまいました」

　このように，つぶやきを全体に知らせ，そのよさ，特に「数学的な見方・考え方」が共有化できるようにしましょう。

30 なぜそうしたのかを問う

ポイント

1 問うことで「見方・考え方」を引き出す
2 他の生徒につないで「見方・考え方」を押さえる

1 問うことで「見方・考え方」を引き出す

生徒は答えをすぐに言いますが，そこに至るまでの「数学的な見方・考え方」はなかなか言いません。正誤だけが気になるからです。

したがって，生徒がその答えに至るまでの「見方・考え方」を引き出すために，教師が生徒に質問をすることが大切になります。

生徒 60度になりました。

教師 いいですね。どのように考えて60度になったの？

生徒 正三角形があるように見えたから。

教師 なるほど。正三角形を図形の中に見つけたんだ。

まず発言したことを認めながら，**その背景にあるものが明確でないときや，この生徒の発言はぜひとも共有化しておきたいと思ったときには，追質問をして，「見方・考え方」を引き出します。**

授業を見ていると，教師が生徒の「見方・考え方」を推測して言葉を添えてしまう場合があります。例えば，「そうだね。60度ということは正三角形に気づいたんだね」という具合です。このように，教師が先回りしてしまうと，生徒の「見方・考え方」を引き出したり，鍛えたりすることはできません。

2 他の生徒につないで「見方・考え方」を押さえる

追質問をするとよいことを紹介しましたが，中には，追質問をすると発言を止めてしまう生徒がいます。生徒の心情を想像すると，「何となくそう思ったので発言しただけなのに…」「隣の人が言っていたから発言したのに…」という気持ちでしょう。こういった生徒に追質問をすると，数学嫌いを引き起こすことになるかもしれません。

このような場合は，**他の生徒につなぐ**ことです。

「つなぐ」とは，意図をもって他の生徒に意見を求めたり，他の生徒の発言について感想を聞いたりすることです。

「Aさんの解答は正しいですね。ここで大切にしておきたいのは，そこに至るまでの『数学的な見方・考え方』です。ところが，**解答を聞いただけでは，『見方・考え方』はわかりません。どのように考えて，その解答に至ったかをだれか話してくれませんか。**

…Bさん，『それなら言えるよ！』という表情をしてくれましたね。お願いします」

日頃から生徒の様子に注視している教師は，このように生徒の表情から気持ちが読み取れます。特に生徒自身が発話したいという気持ちをもっていると，それは必ず表情に表れています。

「この角に注目してみました。半径が三角形の1辺になっているということは，二等辺三角形であることが言えます。そしてここが60度ということは，他の2つの角も60度なので，正三角形が見えました」

教師として大切なことは，あくまでも生徒の発言を忠実に受け取ることです。そのうえで，大切にしておきたい「見方・考え方」を次のようにクローズアップしておくことです。

「円の中に図形があることから，円の特徴である半径はどこも同じという性質を使って説明してくれました。そこに着目したことで解決につながったのですね」

31 教師が優れた問題解決者になる

ポイント

1 教師の普段の授業での在り方が大切になる
2 教師の思考過程を生徒に知らせる

1 教師の普段の授業での在り方が大切になる

生徒の「数学的見方・考え方」を鍛えるためには，教師の普段の授業での在り方が大切で，教師は日頃から優れた問題解決者であるべきだと思っています。

生徒に星形五角形の内角の和を求めることを考えさせる場面で，教師の在り方を具体的に示しましょう。

優れた問題解決者は，解決のための様々なアプローチを思い描くことができると思います。いくつかの方法を思い浮かべることができると，生徒が行き詰まっていたら，その生徒がかいた補助線を手がかりに思考の状況を捉え，適切な助言ができるはずです。

例えば，右の図では，補助線により三角形をつくり出しています。ここで止まってしまっている生徒は，$\angle b$ と $\angle e$ の角の和を「1つの外角はその隣にない2つの内角の和に等しい」という性質を利用して，他の角の和と同じであるという見方ができていないと見極め，それに対応した助言をすべきです。

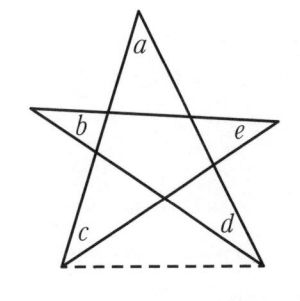

　教師自身が様々なアプローチを考えることができないと，生徒の考えや，何を考えどこでつまずいているのか見当がつきません。したがって的を射た助言もできないのです。

2　教師の思考過程を生徒に知らせる

　教師はどのように考えて問題解決するのかを生徒に知らせることは，生徒の「見方・考え方」を高めることにつながります。

　先の星形五角形の内角の和を求めることを考えさせる場面を例に示します。

　「参考までに，私がこの問題を解くときに頭の中でどのように考えたかを再現してみます。

　この星形の5つの角の和を求めなさいという問題なので，先生はこの5つの角を集めることができたら，和を求められるな，と考えます。とはいえ，5つとも1か所に集めるのは大変だとも思いました。

　そこで，1つの図形の中に5つの角を集めることができれば，それを基に角の和をはっきりさせることができると考えを進めます。

　このように解決のためのいろいろなアプローチを思い描くのです。

　補助線を引いて三角形をつくってみます。この段階で解決への見通しを明確にもっているわけではありません。しかし，大きな三角形の中には，$\angle a$，$\angle c$，$\angle d$ が含まれるので，$\angle b$ と $\angle e$ をこの三角形のどこかの角に移動できれば，この星形の角の和は180度と言えるぞ，と考えるわけです。

　角を移動させるには，同位角や錯角の位置関係に着目することが必要ですが，平行線がどこにもないので，同位角や錯角の関係を明らかにしても，同じ角を他に示すことができません。

　ならば，1つの外角と2つの内角の関係が使えないかと考えるわけです。

　このように，先生はいろいろなことを頭で描いて問題を解決しています」

　時には，このように思考の過程を詳しく生徒に知らせましょう。**「考えるとはこういうことなのか」と思う生徒が必ずいる**と思います。

32 生活における「数学的な見方・考え方」のよさを伝える

ポイント

1 生活で生かせる「見方・考え方」があることを知らせる
2 生活における「見方・考え方」を見つけさせる

1 生活で生かせる「見方・考え方」があることを知らせる

数学を普段の生活で生かすために,「数学的な見方・考え方」を使う場面が多いことを伝えましょう。

「先生,因数分解は,学校を出てから使いますか？ 親が言っていました。『因数分解なんて学校だけのものだ』と」

このようなことを尋ねる生徒がいるでしょう。こうしたとき,**数学的な知識の有用性を話すよりも,「見方・考え方」は頻繁に使えることを伝えた方が生徒は納得するでしょう。**

「確かにその通りで,学校を出てから因数分解を使ったという経験をもっている人はごく少数でしょう。でもね,因数分解のときの思考は,自然に使っていますよ。ある集まりがあると思ってください。その集団の中で,どの人にも当てはまることを考えて動くことがあります。どの人にも当てはまることは何かと考えるのは,共通因数を考えるのと同じです」

中学生であれば,このような話でも理解してくれます。

さらに別の例です。

「『きっとこうなるはずだ』と思うことは何度もありますよね。そのときには関数のときに活用した『見方・考え方』を自然に使っているのです。ある

ことが変わると，これも変わる。これが２倍くらいになれば，こっちも２倍になりそう，３倍になると３倍くらいになりそうだから，おそらくこうなるはずだ…などと考えることがありますね。これはまさに関数の学習で何度も活用した『見方・考え方』です」

2 生活における「見方・考え方」を見つけさせる

　教師から，生活における「見方・考え方」を紹介し，生徒にも見つけさせるとよいでしょう。「家庭生活だけではなく，学校生活の中でも考えましょう」と指示すると，生徒はいろいろな場面に気がつきます。

　生徒が出した例を紹介しましょう。

・生徒会テーマを決めるときに，賛成票が多く入った順にテーマの決定理由を説明した。

・体育大会の競技招集体形で，何人×何列が一番よいかを考えるために，いくつかのパターンを考えた。

・修学旅行の班別行動で，見学地を回る順を決めるときに樹形図を使って行き先を整理した。

・陸上部のみんなの100m走の記録で，目標値との違いを正の数・負の数で表した。

・宿題が多すぎることをグラフにして先生に伝えた。

・図書委員会で図書館利用のグラフをつくり，あまり利用がない日をはっきりさせてその理由をみんなで考えた。

・給食委員会で，おかずと残される量の関係があるはずだと予想して調べた。

・テストの平均点にともなって先生の機嫌が変わる。（これは関数といってよいかを話題にしました）

33 新学習指導要領における 「数学的な見方・考え方」を押さえる

ポイント

1 原点に触れるつもりで学習指導要領を確認する
2 新学習指導要領で具現化のための記述に注目する

1 原点に触れるつもりで学習指導要領を確認する

学習指導要領の解説（数学編）は手元にあるでしょうか。中学校数学の教師なら，いつも身近に置いておきましょう。

「数学的な見方・考え方」について確認しておきます。これまでは「数学的な見方や考え方」とされていましたが，今回の改訂で，「や」が「・」となりました。

表記の変更について言及することはあまり意味がないので避けます。ここで着目したいのは，「数学的な見方」と「数学的な考え方」それぞれについて定義がされたことです。これははじめてのことです。

「数学的な見方」は，**「事象を数量や図形及びそれらの関係についての概念等に着目してその特徴や本質を捉えること」**とされています。

「数学的な考え方」は，**「目的に応じて数，式，図，表，グラフ等を活用しつつ，論理的に考え，問題解決の過程を振り返るなどして既習の知識及び技能を関連付けながら，統合的・発展的に考えること」**とされました。

「時々の初心忘るべからず」といいますが，折に触れて，こうして学習指導要領を確認することは大切です。

2 新学習指導要領で具現化のための記述に注目する

　教師は「見方・考え方」をしっかり理解し，具現化に向けて授業を実践しましょう。そのヒントは学習指導要領の解説のあちこちにあります。まずはそれを抜き出してみましょう。ここでは，抜き出し例（○）とその具現化案（→）を示します。

第1学年／数と式

○加法と減法を統一的にみることで，加法と減法の混じった式を正の項や負の項の和として捉え，その計算ができるようになる

→加法と減法を統一的にみることのよさを生徒に実感させることが大切で，$4-5=4+(-5)$，$4-(-5)=4+5$のように減法が加法となり，すべて和の形になることを強調したい。

○文字を用いた式の計算の方法については，項の意味に基づいて計算することや，計算の法則が保たれることなど，数の計算と関連付けて説明できるようにすることが大切

→数の計算と関連付けて説明できるようにするために，$2+5$を7としたように同類項は簡潔にして表現することを強調したい。

○方程式は，変数（未知数）を含んだ相等関係についての条件を表した等式であり，方程式を用いることにより，条件を満たす値を的確に求めることができる

→方程式を使うと，条件を満たす値が的確に，つまり形式的に求めることができるよさを伝えたい。そのために，小学校算数の考え方で条件を満たす値を見つける活動を取り入れ，方程式のよさを体感させたい。

第1学年／図形

○平面図形の対称性に着目することで見通しをもって作図し，作図方法を具体的な場面で活用する

→対称性に着目することが作図方法を考える根本にあることを伝えたい。し

たがって単に作図ができることが学習の目的とならないように留意したい。

○日常の事象を<u>図形の形や大きさ，構成要素や位置関係に着目して観察</u>し，その特徴を捉えることで，図形の性質や関係を用いて日常の事象の特徴をより的確に捉えたり，問題を解決したりすることができるようになる

→図形を漫然と見させるのではなく，図形を捉えるには<u>図形の形，大きさ，構成要素，位置関係に着目</u>することが重要であることが伝わるように，教師自身が<u>図形の形，大きさ，構成要素，位置関係の4観点</u>を意識したい。

第1学年／関数

○数量の関係を表に表すときは，対応する二つの値の組を明確に捉えることが大切である。そのとき，一方の変数（独立変数）のとる値を，<u>目的に応じて一定の順序に並べて表をつくる</u>という方法を理解することが重要である

→<u>目的に応じて一定の順に並べて表をつくる</u>ことの意義をしっかり伝えるために，独立変数の値はどのようにとっていったらよいか生徒に問いたい。

○平面上にある点の位置は，一般に，<u>交わる2本の数直線を軸として，その点に二つの数の組を対応させる</u>ことによって表現できる

→座標は，<u>二つの数の組を対応させる</u>ことによって，その点の位置を表すものであるという本質を感じさせたい。

第1学年／データの活用

○中学校数学科において第1学年では，データを収集，整理する場合には，<u>目的に応じた適切で能率的なデータの集め方や，合理的な処理の仕方が重要であることを理解</u>できるようにする

→ともすると，<u>目的に応じたデータの集め方や，合理的な処理の仕方の重要性</u>を忘れ，問題を解くことだけを生徒に意識させないようにしたい。

○データの傾向を捉え説明することを通して，<u>データの傾向を読み取り，批判的に考察し判断</u>できるようにする

→<u>データを批判的に考察し判断</u>することに重点をおくためにコンピュータを有効活用したい。

第**8**章

教科書の活用が
もっと
うまくなる**4**の技

34 教科書の説明を深掘りする

> **ポイント**
> 1 教科書の記述にちょっと疑問をもたせる
> 2 具体的にはどういうことかを考えさせて深掘りする

1 教科書の記述にちょっと疑問をもたせる

　教科書には正しい事柄が書かれていますが，生徒にあえて疑問を出させると教科書を深掘りできます。

　例えば，ある1年「方程式」では，教科書に次のような記述が見られると思います。

> まだわかっていない数を表す文字を含む等式を方程式といいます。

「この記述を素直に受け取らないで，疑問を出してください」と生徒に提示しましょう。私は「無理矢理疑問」と言ってきました。

　その中で出てきた疑問は次のようなものでした。

　「文字はいくつあってもよいのか」

　「等式でないと方程式とはいえないのか」

　「方程とはどういう意味か」

　「まだわかっていない数を表す文字は，x と決まっているのか」

　教科書記述について，このように疑問を出させることで，生徒の関心を高めることになります。

2　具体的にはどういうことかを考えさせて深掘りする

1年「平面図形」では，教科書に次のような記述が見られます。

> 平面において，図形を一定の方向に一定の長さだけずらして移すことを，「平行移動」といいます。平行移動では，対応する点を結んだ線分同士は平行で，その長さは等しくなります。

この文章を板書して，**「この文章を図で説明すると，どのような図になるのかを考えましょう」**と発問すれば，具体的にはどういうことかを深く考えさせることができます。

教科書に掲載されている図をそのまま見せると，生徒の思考を狭めてしまう可能性があります。例えば，上の場面では教科書では三角形を使っていることが多いのですが，図形は必ずしも三角形でなくてもよいわけです。

生徒に考えさせると，様々な図形が出てきます。

ここで，「『一定』という言葉の意味がわからない」という質問が出てくることがあります。辞書では「1つに定まって動かないこと」「定まった状態にすること」「（あらかじめ）決まっていること」「（多く『〜の』の形で）程度を漠然と指し，『十分ではないがそれなりの』の意を表す」などと説明されています。

これを基に，この教科書で使われている「一定」の意味に着目させても深く考えることになります。

また，「対応する点を結んだ線分同士は平行で，その長さは等しくなる」理由を考えさせることもよいでしょう。

教科書のすべての記述にこのようなアプローチをすることはできませんが，時には，こうして教科書を使って深く考えさせると，教科書の記述を読み流してはいけないと考える生徒も出てくるでしょう。

35 教科書を予想させる

ポイント
1 教科書を予想することの価値を伝える
2 教科書を予想させるためのかかわり方

1 教科書を予想することの価値を伝える

「教科書を予想する」とは，ある事柄を学習したら，それを手がかりにして，次ページ以降の教科書の内容を推測することです。

単純な例をいくつか挙げます。

・正の数・負の数の加法・減法を学習したら，正の数・負の数の乗法・除法を学習するだろうと予想する。

・一元一次方程式を学習したら，二元二次方程式を学習するだろうと予想する。（二元二次方程式は学習しないが，多くの生徒は「一」に着目してこのような予想をする）

・正比例を学習したら，反比例を学習するだろうと予想する。

・平面図形を学習したら，空間図形を学習するだろうと予想する。

これは単元名を基に予想した例です。

単元内では，細部にこだわった予想が出てきます。

・負の数で分数や小数が出てきそうだ。

・いろいろな式，例えば分数を使った式の値を求めなさいという問題が出てきそうだ。

・グラフで比例定数が負の数の場合を考えることになりそうだ。

　このように，**予想させることで，自ら学んでいこうとする姿勢が育ち，主体性を高めることにもつながります。**

2　教科書を予想させるためのかかわり方

　では，教科書を予想するような生徒に育てるために，教師はどうかかわればよいのでしょう。その例を紹介します。

　教師が生徒に伝えておくべきことは，**「数学は発展させていく学問である」**ということです。

　「1つの事柄が明らかになったら，その条件を変えてみて，どのようなことが言えるのか，逆に言えなくなるのかなど，様々に考えを広げることで発展してきた学問である」と新年度のできるだけ早い時期に伝えておくことが大切です。このように伝えておくと，「次に教科書に表れる内容を予想してみましょう」という教師からの問いかけの背景を理解できるでしょう。

　ある事柄が明らかになったら，**「先生は次にどんなことを言うと思う？」と教師の発問を予想させてもよいでしょう。**先に示した数学の特徴を理解している生徒なら，「三角形でいえたので四角形ではどうか考えたい」などと，発展させようとするでしょう。

　予想させるときに大切にしたいのは，その予想はどこから生まれたのか，その根拠です。「根拠なき予想は予想ではありません」と，ときどき口にしました。

　このように，予想させることが大切だと思うようになったのは，地元で「数学の神様」と言われた馬場康雄先生と出会ったからです。あるとき，馬場先生は次のように言われました。

　「数学は系統的な学問だ。一単元が終わったら，生徒がその単元（教科書）の流れを，教科書を見ないでスラスラ言えないといけない。数学を学ぶとはそういうことだ」

　この言葉がきっかけで，私は次の展開を予想させるようになりました。

36 教科書の行間を読ませる

ポイント

1 行間が読めることの価値を知らせる
2 行間を読む練習をする

1 行間が読めることの価値を知らせる

　教科書を上手に使えるようにする技のうち，生徒に教科書の行間を読ませることは，かなりレベルが高い技です。これはすべての生徒に要求できることではありません。とりわけ数学への興味・関心が高い生徒をさらに高みに引き上げるための技です。

　まずは，教科書の行間を読むとはどういうことかを伝えます。

　例えば，教科書には次の記述があったとします。

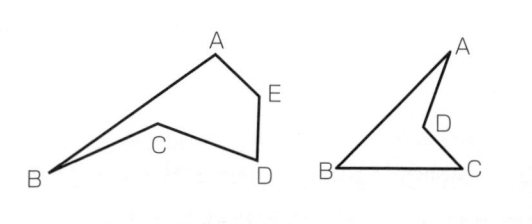

> この教科書で，多角形を扱うとき，右図のように凹んだ図形は考えないことにします。

　行間を読むとは，教科書の文章に書かれたことを明確にしたり，書かれていないことはないかと考えたりすることを意味しています。

　生徒にこの文章と図を見せて，「何か思うことはないかな？」と問います。こういう投げかけをすると，生徒はいろいろと気づきます。

「『この教科書で』とあるので，他の教科書は違うのかと思いました」

「考えない理由が書いていないのは，どうしてだろうと思いました」

このときに教師として大切なのは，以下のように，**まず発言の内容を受容すること，そのことを調べる手立てを示すこと**です。

「『他の教科書は違うのか』というのは，とてもよい質問だよ。いくつか教科書を貸してあげるので調べてください」

「理由が書かれていないことによく気づいたね。みんなで考えてみよう」

教科書の行間読みをすると，このように教科書の内容そのものを深めることができます。

2　行間を読む練習をする

行間を読む力はすぐにつくものではありません。**機会あるごとに教科書の記述について，教師が問いを投げかける**ことです。

例えば，以下のような記述です。

> 平行四辺形の定義から，次の性質を導くことができます。
> （この文章に続いて，3つの性質が書かれている）

「定義から性質を導く」という文脈に着目させ，「このあと教科書は性質をどのように導いているかを読み解いてみよう」と投げかけ，教科書を深読みさせます。

ある教科書では，示した3つの性質のうち，2つは証明が掲載されていますが，3つ目の性質の証明は練習問題として扱われています。

このようなことまで見つける生徒がいます。それをおもしろいと表現した生徒もいます。教科書を熟読して，どこかに不備やつじつまが合わないところがないかと探す生徒も出てきます。

37 マイ教科書づくりを意識させる

ポイント

1　教科書の文章と図を一致させる書き込みをさせる
2　教科書の行間に思考過程を書き込ませる

1　教科書の文章と図を一致させる書き込みをさせる

　教科書に生徒自身で書き込みをさせると，教科書への愛着が増すことは間違いありません。機会を見つけて書き込むように指示しましょう。

　その指示例をいくつか紹介します。

教科書の文章と図を一致させる

　教科書をよく見ると，あることを示している文章と図が離れている場合があります。例えば，「二等辺三角形の頂角の二等分線は，底辺を垂直に二等分する」というまとめの文があり，その図は文章から離れた位置にあります。こうしたときに，生徒に文章と図を結びつける書き込みをさせるのです。

　二等辺三角形の頂角の二等分線は，
底辺を垂直に二等分する。

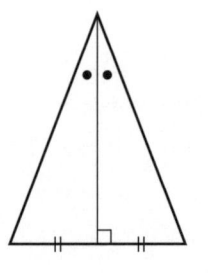

説明文を書き込む

どの教科書にも学習した事柄をまとめた箇所があります。そこに自分が理解した説明文を書き込ませます。

例えば，教科書で四角形の対角線の性質について，以下の3項目がまとめられていたとします。

> 1 長方形の対角線は長さが等しい
> 2 ひし形の対角線は垂直に交わる
> 3 正方形の対角線は長さが等しく，垂直に交わる

ここで，「正方形の対角線」のところへ，「正方形は長方形の性質（4つの角がすべて等しい）があり，ひし形の性質（4つの辺がすべて等しい）もあるから」と書き込ませます。長方形とひし形と正方形の以下のベン図と文章が一致しない生徒がいるからです。

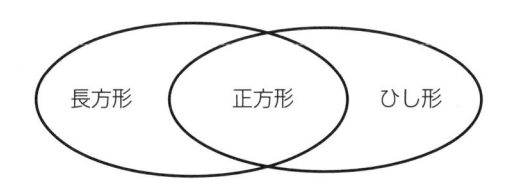

2　教科書の行間に思考過程を書き込ませる

数学の問題を解くとき，生徒は往々にして解答のみをノートに書く傾向があります。教科書は当然きれいなままです。

実際にはいろいろと思考した結果の解答ですから，その思考を記録しておかないのは大変残念です。

そこで，ときどきでよいので，生徒に**「頭に浮かんだことを教科書に書き込んでおきましょう」**と投げかけるとよいと思います。

その例を紹介します。

下の表は，２つの種類の画鋲「あ」と「い」をたくさん投げ，上向きと下向きの出た回数をそれぞれ表にまとめたものです。「あ」と「い」では，どちらの方が上向きが出やすいと言えるでしょう。

上向き

下向き

あ	上向き	下向き	合計
回数	1192	808	2000

い	上向き	下向き	合計
回数	1310	890	2200

　このような問題では，ともすると生徒は解答である「あ」しか書きません。これでは後で役に立つノートとなりません。できれば，ノートには問題と思考過程と解答を書かせたいのですが，それには大変な手間がかかるので，日常化できるものではありません。

　そこで，**教科書の問題文の周囲に書き込みをさせる**のです。

　この問題であれば，次のような書き込みが見られるでしょう。

　「上向きになる方が多いことはすぐわかる」

　「同じような画鋲でも出方が違うのか」

　「投げた合計回数が違うから問題になるんだ。合計が同じならすぐにわかるのに」

　「上向きになる割合を考えればいいんだ」

　「ここは電卓を使いたいなぁ」

　このように自由に書き込みをさせると，教科書を大切に扱うようになります。まさに「マイ教科書」になるのです。

第9章

教材研究が
もっと
うまくなる5の技

38 授業が成功したときの
生徒の姿をイメージする

1 求める生徒の姿を具体化する

授業のつくり方について相談を受けることがあります。

そのとき，授業者に必ず聞くことがあります。

「この授業が大成功したとき，生徒はどのようなことを言ったり，振り返りに書いたりすると考えていますか？」

実は，授業のねらい，例えば「連立方程式の解き方には代入法と加減法があることを理解して解くことができる」は即答されるのですが，

「では，『理解して』いる生徒は，どのようなことを言うのですか？ 『解くことができる』というのは，解が正しければよいのでしょうか？」

このように，突っ込んで深堀して聞いていくと，返答に窮する場合が少なくありません。

私は，教師がこの状態ではよい授業をつくることはできないと考えています。求める生徒の姿が具体的でない状態では，生徒が発言したりノートに書いたりした内容を価値づけできないからです。もちろん，意図的指名をしたり他の生徒につないだりすることもできないでしょう。

授業が成功したときの生徒の姿を，つぶやきや振り返りレベルで思い描いておくとよいでしょう。例を示しておきます。

「連立方程式の解き方は2種類あって，代入法も加減法も考えるポイント
は同じで，2つの文字を1つにすること」

「代入法か加減法かどちらを選ぶかは，文字の係数次第。解くことはでき
るけど，時間がかかるので短い時間でできるようにしたい」

2　教材研究を逆思考で行う

　ゴールの生徒像が具体的になれば，そのような姿になるにはどんな授業展
開にするべきか逆思考すればよいのです。

　ここで示した事例であれば，

　「代入法と加減法で共通していることは何か？」

と問い，生徒の考えを引き出す展開や連立方程式をいくつか提示して，代入
法と加減法のどちらで解くかを考えさせ，その理由を交流させたりする展開
が浮かぶでしょう。

　さらに，解法の共通点を明らかにするときには，なぜ2つの文字を1つに
するのか，その理由を問う中で，改めて一元一次方程式に帰着させる考え方
を強調しておこうと考えるかもしれません。

　教材研究というとき，教科書の内容を理解して生徒がつまずかないように
展開を考える，あるいは，どのような練習問題がよいかを考えてそのための
ワークシートを準備する，といった程度の乏しい視点しかもっていない教師
に出会うと，とても残念に思います。

　教師が目指す生徒の姿をはっきりもっていると，自身による授業評価も明
確にできます。**なんとなく授業を行い，なんとなく振り返っていては，授業
経験を次に生かすことはできません。**

39 生徒の立場で考える

> ### ポイント
> 1 「生徒のために」ではなく，「生徒の立場に立って」
> 2 生徒の目線で教材を見る

1 「生徒のために」ではなく，「生徒の立場に立って」

　株式会社セブン＆アイ・ホールディングス名誉顧問の鈴木敏文さんは，次のように言っておられます。

> 　「お客様のために」ではなく，「お客様の立場に立って」考えることが重要
>
> 　　　　（セブン＆アイ・ホールディングスHP「[対談]イノベーションの視点」より）

　私はこの言葉を，お客の立場になって考えれば見えるものが違ってくる，と解釈しています。仮にお客さんのためにと思って商品展示を工夫しても，その商品そのものが，お客さんに必要とされないものであれば，このがんばりは生きません。お客さんの立場になって考えると，仕入れる商品そのものが違ってくるのではないでしょうか。

　私は，この言葉の「お客様」を「生徒」に置き換えて考えています。

　教材研究では，特に「生徒の立場に立って」を忘れてはいけません。**教師が生徒に考えさせたい課題より，生徒が考えてみたいと思う課題を与えることが大切**だからです。

2 　生徒の目線で教材を見る

　教材研究をする際には，前ページで書いたように「生徒の立場に立って」を忘れてはいけません。

　例えば，奇数と奇数の和が偶数となることを説明する問題があります。この問題に取り組ませると，次のように解答する生徒がいます。

　整数を n とすると，奇数は $2n+1$ と表せる。

　したがって，奇数と奇数の和は $(2n+1)+(2n+1)=4n+2$

　$4n+2=2(2n+1)$

　$2n+1$ は整数だから，$2(2n+1)$ は偶数である。

　生徒は，上のように文字で表すことで説明できると考えます。

　とりあえず，上記の式を受け入れます。生徒が，奇数を $2n+1$ という1種類のみで式化を始めたときに，「それだけでよいでしょうか？」などと教師が質問しても，その意図はわからないからです。

　そこで，**「考えを確かめてみましょう」と投げかけ，n にいろいろな数を当てはめてみる**とよいでしょう。

　$n=3$ のとき，$7+7$

　$n=4$ のとき，$9+9$

　$n=5$ のとき，$11+11$

　ある程度板書したときに，「何か思うことはありませんか？」と聞いてみます。すると，「いつも同じ奇数をたすことになっているから，$7+9$ とか，$11+15$ とか，違う奇数の和になるように式を考えなくてはいけない」などと発言する生徒が出てくるはずです。

　この段階で，別の文字でもう1つの奇数を表すことを指導すると，生徒はしっかり理解し，納得できます。

40 テストから教材を研究する

ポイント

1　教材研究の段階でテスト構想を練る
2　思考力や表現力を判断する問題に注目する

1　教材研究の段階でテスト構想を練る

　教材研究の段階でテストの構想までしておくことをおすすめします。明日の授業を考えるのに精一杯で，そのような余裕はないという方もおられると思うので，コツを伝授します。

　本章の38で書いたように，教材研究では「授業が成功したときの生徒の姿をイメージする」ことが大切です。テスト構想は，まさにこの延長線上にあるわけです。**「こういう問いに，こう答えられる生徒がいい」と考えたなら，それをテスト問題の1つとしてメモしておくのです。**

　例えば，関数単元の教材研究で，生徒が関数であるかどうかを筋道立てて述べることができるようにしたいと考えたとします。その際に，このことを確かめる問いを，簡単でよいので構想します。

　「太郎君は，勉強時間とテストの点数には関数関係があると言いました。間違っていることを太郎君に説明しましょう」

　「ともなって変わる2数 x , y があり, $y = x^3$ という式が成り立つとき, x と y は関数関係にあることを説明しましょう」

　このようにテスト構想を練っておくと，授業でも同様の問いを出すことができます。

2 思考力や表現力を判断する問題に注目する

定期テストや単元テストも，教材研究のときに考えておくとよいでしょう。もちろん，早めにテスト問題をつくっておくというわけではありません。

事前に過去の定期テストや単元テストを見ておくことをおすすめします。テスト問題だけではなく，正答率や誤答例まであると，教材研究をするうえで大いに役立ちます。こうしたテスト情報の累積は，１人でできるものではないので，他の数学教師と協働するとよいでしょう。

テストを教材研究に生かすためには，知識や技能を確かめる問題ではなく，思考力や表現力を判断する問題に注目することです。

知識や技能の問題は，どの教師が作成しても大きく異なることはありません。しかし，思考力や表現力の問題は，作成者によって異なっている場合が多々あります。生徒はこうしたことをよく知っているので，「先生，今度の中間テストはだれがつくりますか？」と聞くのです。したがって，教師にとっても，テスト問題で他の数学教師から学ぶチャンスがあるということです。

私の経験談です。北海道教育大学の相馬一彦先生がつくられた問題を見る機会があり，とてもよい刺激を受けたことがあります。それから，作成する問題のバリエーションが増えました。相馬先生がつくられた問題は，「タロハナ問題」と呼ばれるものです。例を示します。

> −17×102について，タロウ君は「僕は筆算で計算するよ」，ハナコさんは「私は暗算でできるわ」と発言しました。ハナコさんはどのように考えたのでしょう。

この問題を見たとき，**こうした問題は授業での問いにも生かすことができる**と思いました。

なお，学習塾が生徒からテスト問題を集めて指導に反映していることはご存じでしょう。それだけテスト問題分析は指導に役立つということです。

41　1人授業シミュレーションをする

> **ポイント**
> 1　1人授業シミュレーションで教材研究をする
> 2　1人授業シミュレーションで生徒の反応を予想する

1　1人授業シミュレーションで教材研究をする

　1人授業シミュレーションとは，読んで字のごとく，1人で授業を行うことです。授業を教室で行っていることをイメージして，発問の練習をしたり板書する内容を考えたりする自己研修です。教室で実際に行ってみるとよいでしょう。

　私は特に研究授業前には，この1人授業シミュレーションを何度も行いました。その経験から言うと，授業の流れをしっかり頭に入れ，発問や指示がぶれなくなるまでやっておくと，「とてもよい授業でした」と評価をいただくことが少なくありませんでした。

　授業の流れを指導案でいちいち確認するような状態では，当日はゴツゴツした感じの授業になります。また，流れがすっきりしていないために確認が必要な可能性もあります。1人授業シミュレーションでこうした状態になるときは，流れを考え直した方がよいかもしれません。

　特に研究授業では，むだな時間を省くために，あらかじめ，「めあて」や「キーワード」などを書いた紙を貼ることがあります。しかし，その準備をする前に，「本当に必要なのか」「その場で板書するのとどう違うのか」などを考えるとよいでしょう。往々にして，**紙貼りは作成に時間がかかるわりに**

は授業での効果は少ないものです。

　「授業の終末ではこのような感じになるといいな」という思いが実現したとして，そこに至るまでに生徒からどのような考えが出たり，話し合いができたりするのかを考えて，シミュレーションをしておくことも大切です。

　こうしたことを考えているうちに，自然と教材研究ができていきます。

2　1人授業シミュレーションで生徒の反応を予想する

　1人授業シミュレーションで欠かせないのが，発問に対して生徒からどのような反応が返ってくるかを予想することです。

　「この問いに対しては3種類の考えが出てくるはずだ」

　「あの生徒はこの考え方をするに違いない」

　「5人ほどはすぐに終わってしまいそうだから，次の指示が必要だろう」

　「3人ほどはまったく手つかず状態になるので，まずはこの3人の様子から見ようか」

などと想像してみるのです。

　はじめは，正答以外はなかなか予想できません。ましてや，生徒の発言に至っては，個性豊かな生徒のことでもほとんど予想できないでしょう。

　当然のことです。

　しかし，授業での様子，ノートに書いている事柄や振り返りなどから徐々に予想をすることができるようになります。**日々，意識して生徒を見ていると，数か月経つころには，自然に生徒の発言が浮かぶようになるでしょう。**

　生徒あってこそ，授業ができるのです。

　授業の流れは同じであっても，生徒が違えば授業中のやりとりは異なり，ゴールまでの道筋が違ったものになります。だからこそ授業はおもしろいのです。

42 全国学力・学習状況調査を活用する

1 問題を分析する

国立教育政策研究所サイトの全国学力・学習状況調査のページには，これまでの調査問題や結果，その分析が詳しく紹介されています。

例えば，平成30年度の調査結果資料から「教科に関する調査の各問題の結果（中学数学A）」を見てみます。問題の概要，出題の趣旨，学習指導要領の領域，正答率，無解答率などが掲載されています。

その中で，ワースト１の正答率は36.3%で，歩いた道のりと，残りの道のりの関係について，正しい記述を選ぶ（一次関数の意味を理解しているかを問う）問題です。

> 　1500mの道のりを歩きます。x m歩いたときの残りの道のりをy mとします。このとき，x と y の関係について，下のアからエまでの中から正しいものを１つ選びなさい。
>
> 　ア　y は x に比例する　　　　　イ　y は x に反比例する
> 　ウ　y は x の一次関数である
> 　エ　x と y の関係は，比例，反比例，一次関数のいずれでもない

　正解はウです。ありがたいことに分析結果や課題が書かれています。以下は，その一部です。

　本設問では，「歩いた道のりと，残りの道のりの関係について，正しい記述を選ぶこと」をみる問題を出題した（正答率36.3%）。今回の結果から，一次関数の意味の理解について引き続き課題があると考えられる。

　さらに，この問題の課題を受けて，今後の学習指導の留意点まで示されています。その一部も紹介します。

　本問題を使って授業を行う際には，歩いた道のり x m と残りの道のり y m の関係が関数関係であることを確認した上で，x と y の関係を $x + y = 1500$ のような式で表した場合，この式を $y = -x + 1500$ と変形すれば，式 $y = ax + b$ の形になることから一次関数と判断する場面を設定することが大切である。その際，式に表すことが困難な生徒に対しては，数量の関係を言葉の式や線分図などで表したり，具体的な数値で表をつくったりする活動を取り入れることが考えられる。

　各問題について，ここまで詳細に分析や学習指導における大切なヒントが示されているのです。はじめて知った方もいらっしゃるでしょう。こうした貴重な情報を生かさない手はありません。

2　分析結果や課題から教材研究のヒントをつかむ

　上記のように，各問題に対して示された「学習指導に当たって」を読むと，教材研究のヒントを得ることができます。

　例えば，「ある試行を多数回繰り返したとき，全体の試行回数に対するあ

る事象の起こる回数の割合は，ある一定の値に近づく」ことを理解しているかどうかをみるための問題の正答率は，40.2％でした。

これに対して，指導に当たっての留意点が次のように書かれています。

本設問を使って授業を行う際には，例えば，硬貨を多数回投げる実験で，表と裏の出る回数の割合を調べるだけでなく，実験の途中の表と裏の出方にも着目し，表が続けて出たり，しばらく出ない場合があったりすることを確かめる活動を取り入れることが考えられる。このような活動を通して，「硬貨を2回投げたときに必ず表と裏が1回ずつ出るわけではない」ことや，「試行を多数回繰り返すことによって投げた回数に対する表と裏の出る回数の相対度数がそれぞれ0.5に近づく」ことを，実感を伴って理解できるように指導することが考えられる。その際，実験による結果を表やグラフにまとめる場面を設定し，実験結果を表したグラフからわかったことを数学的な表現を用いて説明する活動を取り入れることが考えられる。

実感を伴って理解できるようにするための具体的な指導例が書かれています。「実験の途中の表と裏の出方にも着目し，表が続けて出たり，しばらく出ない場合があったりすることを確かめる活動を取り入れる」の部分に注目すると，実験途中での教師の指導言のヒントになります。

例えば，

「ちょっと実験を中止してください。実験をしながら，どんなことが頭に浮かんできましたか？」

このように生徒に聞いてみるアイデアが浮かびます。

生徒が「表ばかりが出ている感じがします」とか，逆に「裏が出にくい硬貨ではないかと思ってしまいます」と発言するかもしれません。発言を板書するなどして記録しておくと，途中経過にかかわらず，多数回試行によって理想値に近づくことをより実感させることができます。

第10章
生徒の興味・関心を高めることがもっとうまくなる3の技

43 生徒の「はてな？」を引き出す

ポイント
1 不思議に思って当然と伝える
2 不思議に思うことを出し合い共感し合う

1 不思議に思って当然と伝える

故・有田和正先生は，社会科の授業名人として名を馳せていらっしゃいました。

この有田先生の授業づくりの根幹になっていたのが，子どもの「はてな？」でした。有田先生は，子どもに「はてな？」を書かせることを常としておられました。

子どもたちが「はてな？」と思うことは様々です。日常生活での出来事から，その日の授業でわき起こった疑問まで，子どもたちはノートに書いてきます。有田先生はこうした子どもの疑問から授業を構成する名人でした。もっとも「はてな？」は有田先生ご自身が常に意識しておられ，それを解決するために，実地踏査を盛んにされていました。

数学の世界においても，生徒が不思議に思うことは多々あるはずです。**そのように思うことを推奨していないので，表出しないだけ**です。まずは，「不思議に思うことは当たり前だよ」という教師の姿勢を見せましょう。そうすれば，数学への興味・関心を高める生徒が出てくることでしょう。

2　不思議に思うことを出し合い共感し合う

　授業で，時には不思議（疑問）に思うことを出し合い，共感し合いましょう。頻繁に行うことは難しいですから，学期に一度程度でよいので，ぜひ実践してみてください。

　そのためには，**最初に教師が，「はてな？」の例として示すことが大切**です。生徒が「なるほど！」「そういうことか！」と思うと，いろいろな「はてな？」を出してきます。

　以下は，教師が示すとよい「はてな？」の例（1年生）です。

正の数・負の数

・負の符号「−」とひき算の演算「−」が同じでは混乱するのに，どうして同じにしたのだろう。

・「自然数」と呼ぶけれど，自然に生まれる数があるのだろうか。

文字の式

・どうしてわり算は，記号÷を使わないで分数の形で書くのだろう。せっかくの記号を使わないのはなぜ？

・「式を簡単にすること」と「計算すること」は同じことだと思う。「簡単にする」と言いながら，元の式の方が簡単に見えることもあって不思議。

方程式

・方程式では，どうして x が多く使われるのだろう。

・「方程」にはどういう意味があるのだろう。

変化と対応

・表の縦線はどういうときに入れるのだろう。小学校のときには，縦線を必ずかいていたと思うけど…。

・反比例の表で，x が0のとき，y は×と書いている。×は「バツ」と読むの？　「なし」と読むの？

図形

・点は図形と言っていいのだろうか。形はないと思うので不思議。

44 教師が求める生徒像を
先輩の姿を通して伝える

ポイント

1　級友に優しくツッコミを入れる生徒
2　教師に挑戦する生徒

1　級友に優しくツッコミを入れる生徒

　時には，思い出に残る生徒の話をして，教師が求める生徒像を伝えるのもよいでしょう。他の生徒の話を聞かせることで，数学への興味・関心をもたせたり，高めたりすることができます。

　そこで，私が授業で伝えていた生徒の事例の1つを，実際に生徒に話していたように紹介します。

　「ある女の子ですが，忘れられない生徒がいました。ここぞ！　というときにとてもよい発言をするのです。みんながうっかりしていたり，説明が不足していたりすると，ズバリそれを指摘するのです。いわばツッコミ名人です。彼女のおかげで，話し合いがワンランク上がるのです。

　例えば，関数の学習でグラフについて話し合っていたときのことです。ある男子生徒が，1つの事象について関数だと判断しました。そのとき，その女の子は，すかさず『2数が伴って変わることや，一意に決まることを言い忘れているように思うけど…』と，明るく優しい話し方でツッコミを入れました。男子生徒は，『なるほど！』という感じで，『また，言われちゃった〜』とニコニコしていました。

　こんなふうに，大事な場面でズバリ切り込んでくるのですが，とても明る

く優しい言い方なので，級友から慕われていました。彼女は，数学について
とても鋭い感性をもっていたので，大学も数学系の学部に進学しました。忘
れられない生徒の1人です」

2　教師に挑戦する生徒

　もう1つ，生徒に伝えた実例を紹介します。

　「先生は，君たちに『やるならトコトンやってみるといい』と言いますね。
かつてそういう生徒がいました。

　数学の円の問題にとても興味をもち，数学雑誌に掲載されていた『円の難
問50題』に挑戦して，その解答を何十枚にもわたってレポートにしてきたの
です。

　びっくりしました。難問というタイトル通り，短時間で解決できる問題で
はないのです。本人曰く，何問も考えているうちに，目のつけどころがわか
ってきた，と。『トコトンやってみるといい』の好例です。

　この人は，今は教師をしています。数学教師ではなくて，英語教師ですが，
トコトンやる精神は失っていないと思っています」

　このように，実在する人物の話だと，生徒は興味をもって聞きます。

　また次のような話もあります。

　「『先生，数学プロ教師はこれくらいの問題数なら1分以内に解けると言う
でしょ？　だから，僕と勝負してください』と言ってきた生徒がいます。確
かに，先生は君たちに目標をもって取り組んでほしいと思って，『よくプロ
教師ならこれくらいすぐにできる！』と言っていますね。だからその子は，
プロ教師に挑戦したくなってしまったのだろうね。もちろん受けましたよ。
結果は引き分け，勝ったり負けたりでした。教師としてこんなにうれしいこ
とはありません。君たちもぜひ数学プロ教師である私に挑戦してきてくださ
い」

　こうした話も刺激を与えます。数人ですが挑戦してくる生徒が現れました。

115

45 数学を得意科目にした先輩の話で 刺激を与える

ポイント

1 問題に○×を記録していた先輩
2 問題の間違い直しにエネルギーを注いでいた先輩
3 級友に教えることで力をつけた先輩

1 問題に○×を記録していた先輩

中学生の数学への興味・関心が目に見えて高まる要因の１つに，テストの点数が上昇することがあります。そこで，過去に成果を上げた実例を伝え，参考にさせるとよいでしょう。

３人の生徒の話を紹介しますが，まず，問題に○×を記録することで，学力を上げた生徒の話です。次のように話しました。

「数学が得意になったＡさんの話をします。Ａさんは，もともとは数学に苦手意識をもっていました。しかし，徐々に力を高めていき，気づいたら，テストでも高い点数がとれるようになっていました。

そのＡさんの教科書を見たら，問題の脇に○×の記号が書いてあったのです。

Ａさんに，その記号は何を表しているのかを聞いてみました。すると，数学が苦手なので，対策として，間違えた問題を中心に何度かやり直していると教えてくれました。○と×はその記録だったのです。

問題に正解すると，問題番号の横に○をつけます。間違った場合は×をつけます。×がついた問題は，しばらくしてから再挑戦をしたそうです。２回

目でも間違う場合はあります。その場合でも，落ち込むのではなくて，3回目に○になればよいと思うことにしたそうです。

　また，時間を空けて取り組んでみると今度は正解です。問題番号の横には，××○の記録が残ります。○になってもちょっと不安なときは，もう1回○となるか，試してみたというのです。これだけ努力すれば，必ず数学の力がついてくるはずですね」

2　問題の間違い直しにエネルギーを注いでいた先輩

　次に，テスト問題の間違い直しにエネルギーを注いでいた生徒の話を紹介します。

　「先生は君たちに，問題を間違えたときこそやり直すとよい，と話していますね。先輩の中で，テスト問題の間違い直し専用ノートをつくっていたBさんという人がいました。これを始めたきっかけは，先生の話を聞いたからだそうですが，同じ話を聞いても実行に移すかどうかで，結果は異なってきます。

　Bさんが数学の力をつけたのは，この間違い直し専用ノートの効果だと思います。

　ノートは見開きにして，左に間違えたテスト問題を書いていました。右には，その問題の正しい解答が書かれていて，その下に自分の間違いがそのまま記録されていました。

　テスト用紙に赤字で正しい答えを書き写すだけとは，まったく違います。時間はかかりますが，問題を写すことで，読み間違いがあったことや，条件を忘れていたりしたことなどに気づくこともあります。

　また，テストでの間違いをそのまま記録することで，自分がなぜこのような間違いをしたのかを振り返ることができます。

　Bさんは間違い専用ノートを続けることで学力が上がり，さらにノートへの愛着がわいたのでしょう。ノートは一生もっていたいと話していました」

3 級友に教えることで力をつけた先輩

　皆さんも，生徒に「人に教えることは自分の力をより確かなものにする」と話しておられるのではないでしょうか。

　授業中に学び合いを取り入れ，生徒同士のかかわりの中で学習内容を確かなものにしたり，深めたりさせている方もいらっしゃるでしょう。

　級友に教えることで数学力が高まることを，私は次のように生徒に伝えました。

　「テスト前になると，友だちから数学を教えてと言われ，質問を受けていたＣさんという生徒がいました。質問を受けるくらい数学を得意にしていました。

　しかし，実はＣさんはもともと数学が得意というわけではありませんでした。仲のよい友だちに聞かれ，つっかえながらも一生懸命質問に答えていたのです。

　ところが，たまたまＣさんに教えてもらった人が感激屋で，『Ｃさんの教え方はうまい！　とてもよくわかる』と声を大にして言ったそうです。それを聞いた他の人も，Ｃさんに数学について聞くようになりました。教えれば教えるほど，説明の仕方も上手になり，自分自身の理解も深まって自信がついてきます。

　また，本人もよい評判を消したくないという気持ちになったといいます。だから友だちに『わからない』とは言いたくなくて，勉強を重ねたので，力はどんどん高まったのです」

第11章

「主体的・対話的で深い学び」づくりがもっとうまくなる5の技

46 主体的にならざるを得ない 状況をつくり出す

ポイント

1 主体的にならざるを得ない課題を提示する
2 主体的にならざるを得ない問いかけをする

1 主体的にならざるを得ない課題を提示する

　新しい学習指導要領では，授業改善のキーワードとして「主体的・対話的で深い学び」が示されました。この章においては，このキーワードを数学授業で実現するためには，どうしたらよいかを具体的に述べていきます。

　まずは「主体的」についてです。

　生徒に「主体的になりなさい」と言ったところで，なるわけはありません。**主体的にならざるを得ない状況をつくり出すことが重要**です。

　イメージとしては，レストランに入り，メニューを見て自分の食べたいものを選んでいる状況です。とってもおいしい写真がずらり並んでいると，これもいいな，あれもいいな，と迷いながらも（実はこれが楽しい），自らが進んで料理を選択します。逆に，不味そうな写真ばかりのメニューだと，食欲までなくなりそうです。

　授業においても，このように**生徒自ら進んで取り組もうという姿勢を生み出したいもの**です。その方法の１つが，課題提示です。すでに第１章で課題提示の重要性については述べたので重複を避けますが，課題＝料理のメニューと考えると，生徒が食いついてくるような課題を提示することの重要性をさらに認識していただけると思います。

2 主体的にならざるを得ない問いかけをする

次に，主体的にさせる方法ですが，教師からの問いかけを工夫することです。

よい課題提示は大切ですが，さらに生徒が主体的に考えてみようという気持ちを高めることが重要です。例えば，

「この問題の解き方はいくつかあります。1つ考えたら，別の方法を考えてみましょう」

こう投げかけると，2つ目，3つ目の解き方を見つけようとする生徒が出てきます。

こうしたことを先に言わないで，机間指導をする中で，**「おっ，2種類の解き方をしている人がいるね」**と他の生徒に聞こえるように言ってもよいでしょう。この言葉に触発されて，さらに考え始める生徒が出てきます。

また，解き方において，**「この方法が一番簡単なのだろうか？」**と教師がつぶやくことも有効です。「図形を3つに分けて考えているけど，2つに分けるのでは解けないのだろうか」など，学習が進んでいる生徒に刺激を与えるような指示をすると，俄然張り切る生徒が出てきます。

ここで紹介したことは，優秀な生徒のための手段だと思う方がいると思います。確かに，すべての生徒に同じように対応することはできませんが，「できる子は伸ばす」という姿勢で授業に臨むことも大変重要です。

ただし，数学が得意ではなく，引き気味の生徒は，主体的にはできないというわけではありません。まさに個への対応です。

「この問題は何問までできそうだと思う。そうか。10問中6問か。それでいいよ。自分で目標をつくって，それをやってみようと思うことがまずは大切だから」

このように，**自分自身で簡単な目標を設定させることで主体的にさせることができます。**間違っても「君は6問まででいいよ」と教師が指示をしてはいけません。

47 対話とは何かを正確に捉える

ポイント

1 対話のイメージをひも解く
2 よりよい対話例を見せる

1 対話のイメージをひも解く

新しい学習指導要領で「対話的な学び」は，次のように記されています。

> 子供同士の協働，教職員や地域の人との対話，先哲の考え方を手掛かりに考えること等を通じ，自己の考えを広げ深める「対話的な学び」

まず，対話とは生徒同士で話し合うことだと考えておられる方がいると思います。上の定義を見直してください。対話は教職員や地域の人と話すことも想定しています。「先哲の考え方」は資料と考えてよいでしょう。例えば，自分が書いた作文と先輩が書いた作文を比べることも対話と言えます。

さて，生徒同士の対話に注目をすると，「子供同士の協働を手掛かりに考えること等を通じ，自己の考えを広げ深める」と読み取ることができます。つまり，**生徒同士が協力し合って考えることを通して，お互いの考えが広げられ，深まることが対話**だというのです。

先に紹介したように中原淳氏（立教大学経営学部教授）は，AとBが真の対話をしたときには，Aの考えに少しBの考えが加わり，Bの考えにはAの考えが少し加わったときだと述べています。

　よりわかりやすいように，対話と雑談を区別していて，雑談は単にやりとりだけで，互いに変化をしないものだと示しています（中原淳『研修開発入門』（ダイヤモンド社））。

　私は，雑談というより会話と表現した方がよいと考えていますが，教室での生徒の対話を聞いていると，会話レベルに終始していて，なかなか対話レベルまで進むことがありません。真の対話は難しいものだと思っています。

2　よりよい対話例を見せる

　では，実際にどうしたらよいのかと突き詰めたくなることでしょう。

　まず試みてほしいのは，**教師自身が真の対話とはどういうものなのかを明確にする**ことです。答えは１つではないので，自分なりに「生徒がこのようなやりとりをしたら対話といえる」というイメージをもつことです。同僚と協働して，生徒の前で対話を見せることをしてもよいでしょう。

　私の対話のイメージをあげてみます。生徒Ａと生徒Ｂが「２つの数の和が100で，一方の数が他方の数の２倍より10大きいとき，この２つの数を求めなさい」という問題について話しているところです。

A　まず式をつくらないといけないよね。

B　答えは30と70だと思うよ。

A　えっ，30と70の和は100で，70は30の2倍より10大きい。合ってるじゃん。すごい！　どうしてわかったの？

B　「小学生だったら」と思って。10大きいのだから，100から10をひいて90にして。すると，１つの数は他の数の２倍となるわけだから，90を3でわって１つの数を出してみた。

A　方程式を使わずに解いちゃったんだ。

B　でも，今のことを文章にしたら，ものすごく長くなるよ。

A　だから，文字を使って式にするんだ。

　このように，話し合いを通して高め合っている様子を伝えることです。

48 対話することのよさを体感させる

ポイント
1 対話はよいことと思っているのは教師だけと認識する
2 対話で考えが広がったり深まったりした生徒に発表させる

1 対話はよいことと思っているのは教師だけと認識する

ひょっとしたら，「生徒に対話させている時間があれば，教師が教えた方が早い」と思っている人がおられるかもしれません。そのような方には，「学びは1人だけでは深まらない」とお伝えします。1人で多角的，多面的に考えることは難しいものです。やはり，他人との交流があってこそ，自分の考えを広げ，深めることができるのです。

しかし，少々過激なことを書きますが，「対話はよいことだと思っているのは教師だけだ」という認識をもってください。つまり，**「対話をすると考えが広がり深まると感じている生徒は少ない」という前提で授業に臨む必要がある**ということです。

そこで，授業の中で対話することのよさを体感させることから始めるとよいと思います。赤坂真二氏（上越教育大学教職大学院教授）は，対話の仕方を教えるべきだと言っておられます。

1 同じ時間だけ話す（一人が10秒話せば，もう一方も10秒話す）
2 うなずきながら聞く
3 最後まで聞く
4 対話終わりと言われるまで続ける

（赤坂真二講演，2018年4月28日，教師力アップセミナーにて）

確かに，こうした手順を伝えるのは大切なことです。

一方で，対話の仕方を教える前に，教師が行うべきことがあります。それは，仮にペアの形をとっていなくても，教師が生徒と生徒の考えをつないで，対話することのよさを体感させることです。

教師 Aさんの考えに近いことをノートに書いていたのはBさん。Bさん，Aさんの考えを聞いてどう思った？

生徒 Aさんのように x を小さい順に並べてみると，規則が見えてくるなぁと私も思いました。

教師 Aさん，Bさんにあなたの考え方の一番大切なところを言ってもらえましたね。やはり意見交流することはいいですね。

このように教師が互いの考えを交流するよさを価値づけることで，生徒は対話するよさが体感できると思うのです。

2 対話で考えが広がったり深まったりした生徒に発表させる

対話したことで考えが広がったり深まったりした生徒がいることでしょう。それを教室で共有することを目指しましょう。

とはいえ，生徒自らが，「自分の考えが広がったり深まったりしました」とは言いません。対話している内容を教師が聞き，意図的に指名して発表させることです。

もちろん，すべての対話を聞き取ることはできません。どこかのペアに的を絞るしかありません。これは致し方ないことです。

「何度か試みているうちには，ぜひとも共有したい対話を聞き取ることができる」と信じて継続することです。

49 働かせてほしい「見方・考え方」を明確にして深い学びに導く

ポイント

1 深い学びは「見方・考え方」に焦点を当てる
2 「見方・考え方」は教師から示してもよい

1 深い学びは「見方・考え方」に焦点を当てる

新しい学習指導要領では，深い学びは「各教科等で習得した概念や考え方を活用した『見方・考え方』を働かせ，問いを見いだして解決したり，自己の考えを形成し表したり，思いを基に構想，創造したりすることに向かう『深い学び』」と示されています。

「見方・考え方」を中心にして文章を見ると，まず生徒が各教科等で概念や考え方を習得しなければなりません。そのうえで，それらを活用した「見方・考え方」を生徒が働かせて，問いを見いだして解決したり，自己の考えをつくったり，思いを基に構想，創造したりすることが求められています。

読めば読むほど大変なことが書かれていることがわかり，どう具現化していったらよいかと悩むことと思います。

まずは「見方・考え方」に焦点を当てて，**今日の授業で生徒に働かせてほしい「見方・考え方」を明確にすること**です。「見方・考え方」は，簡易な表現をすると**「今日の授業で一生覚えておくとよいこと」**です。

例えば，「これまで正の数と0では数直線を活用してきたが，負の数においても活用できる」「関数関係があるときは，伴って変わる2数があり，一方を決めると，もう一方が1つに決まる」「平面図形で言えることを空間図

形で言えるかを考えるとよい」など，授業のねらいを生徒の言葉レベルで明らかにしておくといいでしょう。

2 「見方・考え方」は教師から示してもよい

生徒が自ら「見方・考え方」を働かせるように仕向けるのが大切ですが，**すべての場合にそれを求める必要はありません。**

時には，教師から重要な「見方・考え方」を示してもよいのです。もっというと，生徒に知らせるべき「見方・考え方」があると考えてもよいと思います。

前ページで書いたように，教師自身が今日の授業で生徒に働かせてほしい「見方・考え方」を明確にしておくと，タイミングよく生徒に伝えることができます。

例を示します。

「平方根の学習が終わったので，改めて学習を振り返っておきましょう。第1時から振り返ってみます。平方根という新しい数を知ってから，どのような事柄を学習したでしょうか。

教科書を見直してもいいですよ。そうですよね。大小関係を考えましたね。そして，平方根の乗法，除法を考えた後，加法，減法を学習しました。

実は，この流れは，負の数を学習したときと同じなのです。新しい数が出てくると，必ず大小関係を考えます。『-5と-7ではどちらが大きいですか』などといった問題を考えたことを思い出すと思います。

その後，加減乗除，かっこがある計算などをしました。平方根もまったく同じですね。この流れは，新しい数が出てきたときの定番の流れです。ぜひ覚えておいてください。高校に進学すると，新たな数が登場します。そのときに思い出してほしいですね」

一般的に教師が話し過ぎるのはよくないと言われますが，「見方・考え方」について語ることは，時には必要だと思います。

50 授業記録から 生きた指導技術を会得する

1 指導言の背景まで読み取る

1 指導言の背景まで読み取る

2018年12月3日に愛知県岡崎市立額田中学校の1年生を対象に，飛び込み授業をしました。

その授業記録を基に，新学習指導要領に示された授業をどのようにして実現しようとしているか，各ポイントで用いた指導技術を解説しながらお伝えします。

玉置（以下T） こんにちは。先生の名前を1回だけ言いますので覚えてね。玉置崇といいます。

生徒（以下S） 「玉置崇（先生）」

T "先生" とつけられる人は社会性がある人です。すばらしいですね。では，社会性を発揮してもう1回！

S 玉置崇先生！

飛び込み授業なので，特別な授業の入りをしています。

大切なのは生徒との関係性を早くつくることです。**ほめる場面をつくり出して生徒との距離を縮めようとしています。**

T　お願いがあります。授業中にわかったら「よくわかっています」という顔，困ったら「困った」という顔をしてみてください。先生は常に君らの顔を見ています。

「表情発言」を促しています。表情発言であればだれもができます。

T　今日は「17番目の秘密」という授業を行います。プリントを配ります。

配付プリントには，以下のように1から17までの数字が書いてあります。

1	2	3	4	5	6	7	8	9	10	11	12	13	14	15	16	17

計算のルール

表を横に1桁の数で埋めていく。

ただし，3番目のマスには，1番目と2番目の数の和の1桁を書く。

4番目のマスには，2番目と3番目の数をたした1桁の数を書く。

同様の考え方で，17番目まで数を記入する。

きまり

様々なきまりに生徒は気づきますが，このネタで一番エレガントなきまりは，「2番目の数×7の1桁の数が，17番目の数となること」です。

T　17番目の秘密と聞いて何を思う？

S　何もないです。

T　ないって言えるのがいいね。

S　秘密だから，法則性があるんじゃないか。

S　隠してあるのかな。

S　求めるのかな。

T　授業は予想していくことが大事。何か浮かばないか？

S　はい，何も浮かびません。

T　君はハッキリしていていいな。君が授業の最後にわかったと言えたら大成功だな。

　　授業開始時には，ほめられることをしっかりほめて，生徒の意欲を高めるようにしています。

T　どんな数でもよいので，1桁の数を言ってください。

S　8。

T　よし，1マス目に8と書くね。みんなも書いた？　2番目の数は先生に決めさせて。2番目は5。8と5をたして答えが13だから，3番目のマスには3と書く。これは，どういうこと？

S　10をひく。

S　10をなくす。

S　1桁にする。

S　一の位だけを書く。

　　この発問は特に注目してほしいところです。13を3と表記することを基に，数学的思考をさせています。**教師が説明する場合と比べ，授業の質がかなり違います。**

T　次行くぞ。もうやれそうだな。ずっとこのルールで17番目までやってみ

よう。できたら，お隣で答えの確認をする。いいか，間違えないでやってよ。お隣同士確認して。

T これ，17番目ってさ，みんな同じになるかな？ いろいろあっていい？
S 同じ。
T どうして？
S 普通に考えて計算したら同じ。最初の2つの数が決まっているから。

　こうして当たり前と思われることをあえて聞くのもよいことです。**当たり前のことを言葉できちんと説明させると，生徒を鍛えることができます。**

T 今日こんなことやるんだ。いけそうだろ？ 顔の表情。なんか思った？

　表情発言を推奨している以上，こうして表情を基に問いかけをします。

T 8以外の数を言って。
S 3。
T 2番目は先生に決めさせて。2番目は5。
　（計算をとじる）

板書

1	2	3	4	5	6	7	8	9	10	11	12	13	14	15	16	17
8	5	3	8	1	9	0	9	9	8	7	5	2	7	9	6	5
3	5	8	3	1	4	5	9	4	3	7	0	7	7	4	1	5

T　何か思った人いる？

S　17のところが5になる。

S　2つ目の数とそろえたら，17番目が同じ数になるんじゃないか。

T　M君，いいですね，これは「仮説」といいますね。「M仮説」としよう。もしここが3だったら？

M　3。

　　生徒は指示をされたわけではないのに，表れる数を基に予想を始めています。教師は生徒の発言を受け止めているだけです。「仮説」という用語に生徒の名前をつける，つまり**考え方を固有名詞化して発言を価値づけています。**

T　仮説が正しいかどうか確かめるにはどうしたらいい？

S　検証する。

T　どうやって？

S　2番目の数を変えてみる。

T　賛成の人？　「M仮説」でいくと，ここが3になったら…ね！　検証だ，よし行こう。

　　仮説の正しさを確かめる方法も生徒に聞いていることに注目してください。

板書

1	2	3	4	5	6	7	8	9	10	11	12	13	14	15	16	17
8	5	3	8	1	9	0	9	9	8	7	5	2	7	9	6	5
3	5	8	3	1	4	5	9	4	3	7	0	7	7	4	1	5
	3															

S （笑）あれ？　いやだ！
S　3じゃないよ。
S　違った！
T　計算ミスじゃないの？　1になっちゃった。ということは，「M仮説」は崩れちゃった。世の中みんなそうだ，はじめから答えはわからない。

　仮説が崩れたことはしかたがないことで，世の中はこのようなことの連続であると生徒に伝えています。

T　さて，これ見て何か思うことない？
S　2番目の数が決まったら17番目の数も決まる。
S　あぁ。
T　「あぁ」って言ったな。「あぁ」を言葉で言って。
S　2番目の数が決まったら17の数も決まるというのは，「なるほど」と思った。
T　お隣同士，「あぁ」を言葉にしてごらん。

　生徒が次の仮説を立てています。
　他の生徒が「あぁ」と言ったことを取り上げて，生徒にその気持ちを言語化させています。**教師が勝手に解釈を加えていない**ことに注目してください。

T　2番目の数は5と3しか試してないからな。残りは仕事を分担するといいだろう。君は最初1で行こうか。
（席の順で，生徒を1〜9まで割り振っていく。わざと0は指定しない。まだ数を指定していない2人がいる）

　教科指導の中でも学級指導をしています。仕事分担をすることを取り上げて，学級に係活動があることの価値づけをしています。

133

1	2	3	4	5	6	7	8	9	10	11	12	13	14	15	16	17
8	5	3	8	1	9	0	9	9	8	7	5	2	7	9	6	5
3	5	8	3	1	4	5	9	4	3	7	0	7	7	4	1	5
	1															7
	2															4
	3															1

T　この2人には何をやってもらったらいい？

S　0？

T　ああ，そうだな，0だな。2人には0やってもらわないといけないね。

　1桁の数なので0もあるわけですが，教師からそれを言っていません。**あくまでも生徒の気づきを待っています。**

S　やったあ！

T　何が"やったあ"？

S　仮説が少し合った。

　「仮説が少し合った」というつぶやきに呼応して，次の展開をしています。

T　すばらしい，2番目の数を決めると17番目の数が決まるんです。今から4人グループになって話し合おうか。実は先生はルールを知っているんです。そのルールを見つけてみて。

　課題をシャープにする教師の言葉です。

T　見つけ方がまたコツだぞ。わかったら挙手して。

　生徒にきまりの発見を促しています。

T　ルールを見つけるには，余計な情報を削ぎ落とす。調べるとき，なんで
　　0から始めた？　なんで5，3，1，2とか，好きにやっていかない？
S　法則性を…。
T　だれか言ったね，その通りなんだ。
S　法則性を見つけやすいんじゃないかな…。
T　どうして？
S　うーん…。
T　きまりを見つけるときは一方を小さい順で並べた方が見つけやすい。こ
　　れは，ずうっと勉強に生きていく。

　「きまりを見つけるときは一方を小さい順で並べる」というのは，「見方・
考え方」です。生徒の発言を受けて価値づけています。

T　よし，もう少し時間あげる。どうぞ。
T　今，このグループでね，すごいことやっている。「10を全部たしてみた
　　ら」と話し合っている。そうやって言い合うことが大事。こうしたら，
　　ああしたらって言ってみよう。そうしたらポンっとひらめくかもしれな
　　い。1人で考えても絶対ひらめかない。

　ここでは対話の価値づけをしています。
　考えを出し合っているうちに，よい考えが浮かぶかもしれないと生徒に伝
えています。

T　C君，どんなルールを見つけられましたか？

C　２番目の数を17倍して，その１桁。

S　あぁ～，なるほど。

T　何が「なるほど」なの？

S　例えば，２×17をすると34になる…。

T　17倍しなくてはいけないの？

S　７倍でいい。

T　そう，実は７だけかければいい。

　　ある生徒が見つけたきまりを，他の生徒の「なるほど」という言葉につないで，別の生徒にきまりを発言させています。

板書

	2番目		17番目
	0	→	0
	1	→	7
	2	→	4
	3	→	1
	4	→	8
	5	→	5
	6	→	2
	7	→	9
	8	→	6
	9	→	3

T　このルールをだれかまとめて言ってみて。

S　２番目の数に７をかけた１の位が17番目に出てくる。

T　最後，○○君，どう思った？

（序盤で「君が授業の最後にわかったと言えたら大成功だな」と伝えた生徒に振る）

S　あぁ～と思いました。

　ある生徒の初発の感想が変化したことを，授業の最後に確認しています。

おわりに

　私の研究室には，多くの学生が「先生のゼミにぜひ加入したい」と訪れてきます。

　その理由を聞いてみると，「よい授業ができる教師になるためには，学生の間からしっかり学んでおきたい。授業の技を学ぶことができるゼミは玉置ゼミだと先輩から聞きました。ぜひゼミに入れてください」という学生ばかりです。

　口コミで，我が研究室の価値が伝わっていることは何よりうれしいことです。多くの学生をゼミに受け入れることは，あらゆる面で大変なのですが，学生の熱意についほだされ，学内でも屈指の大人数ゼミとなっています。

　ゼミでは，自分で選択した教育書で学んだ事柄や，他のゼミ生が知っておくとよい事柄を授業風に伝える時間を設定しています。

　そのときのゼミ生の先生ぶりを見ていて，つくづく思います。

　「よい授業をしたいという思いだけでは，うまい授業はできない！」

　教育学部の学生ですから，全員が教育実習に出かけます。2年先には，ほとんどのゼミ生が学校現場に出ます。このことを考えると，このままの状態では，受け入れていただく学校，とりわけ生徒に申し訳なく思います。

　そして，「ゼミ以外で，彼らはどこで授業の技を学び，身につけるのだろうか。教員養成課程の大学であればもっと実務的な講義があってもよいのではないか」と，正直思います。

　さらに校長をしていたときを思い出すと，授業の技を学ばないまま，生徒の前に立っている教師が多いという現実が蘇ってきます。

こうした思いや経験から，「50の技」を書き上げました。全国の数学教師の皆さんにぜひとも読んでいただきたいと強く願っています。「もっと授業がうまくなりたい」という思いをもっておられる方に，しっかりお応えできるよい本ができた，と自負しています。

　今回もこれまで同様に，明治図書の矢口郁雄さん，大内奈々子さんには大変お世話になりました。優れた企画・編集者によって，長年の授業を通して私が身につけてきた数学授業の技が，皆さんにより伝わるようにしていただけました。

　新たに学習指導要領が告示され，ますますの情報化の進展を踏まえての授業づくりが求められています。ここで紹介した「50の技」は，どのような授業を展開するにおいてもベースとなるものです。ぜひとも折に触れて，本書を手にしていただくことを願っています。

2019年4月

玉置　崇

【著者紹介】
玉置　崇（たまおき　たかし）
1956年生まれ。公立小中学校教諭，国立大学附属中学校教官，中学校教頭，校長，県教育委員会主査，教育事務所長などを経て，平成24年度から3年間，愛知県小牧市立小牧中学校長。平成27年度より岐阜聖徳学園大学教授。授業と学び研究所所長。文部科学省「小中一貫教育に関する調査研究協力者会議」委員，「統合型校務支援システム導入実証研究事業」委員会委員長などを歴任。
著書に『中学校　新学習指導要領　数学の授業づくり』（明治図書，単著），『スペシャリスト直伝！中学校数学科授業成功の極意』（明治図書，単著），『わかる！楽しい！中学校数学授業のネタ100　1〜3年』（明治図書，編著），『「愛される学校」の作り方』（プラネクサス，共著），『落語家直伝　うまい！授業のつくりかた』（誠文堂新光社，監修）など，多数。

中学校　数学の授業がもっとうまくなる50の技

2019年6月初版第1刷刊　©著　者	玉　　置　　　　崇
2021年5月初版第4刷刊　　発行者	藤　原　光　政

発行所　明治図書出版株式会社
http://www.meijitosho.co.jp
（企画）矢口郁雄（校正）大内奈々子
〒114-0023　　東京都北区滝野川7-46-1
振替00160-5-151318　　電話03(5907)6701
ご注文窓口　　電話03(5907)6668

＊検印省略　　　　組版所　株式会社木元省美堂

本書の無断コピーは，著作権・出版権にふれます。ご注意ください。

Printed in Japan　　　　ISBN978-4-18-293316-5
もれなくクーポンがもらえる！読者アンケートはこちらから

中学校新学習指導要領
数学的活動の授業デザイン

文教大学教授
永田潤一郎

編著

意図的に活動を生み出すための
６つの視点に基づく新しい授業構想